De l'Influence des „Pensées sur l'Éducation" (1693) de John Locke sur l'„Emile" (1762) de J.-J. Rousseau, dans le domaine de l'éducation intellectuelle.

DISSERTATION

présentée

à la Faculté de Philosophie
de l'Université de Berne

par

ADOLPHE STIERLI

de Fischbach (Canton d'Argovie).

ZÜRICH 1910
Dissert.-Druckerei Gebr. Leemann & Co.
Stockerstr. 64

Sur la proposition de M. le Professeur E. Michaud, cette dissertation a été acceptée par la Faculté de Philosophie.

Berne, le 25 mai 1910.

Le Doyen:
Prof. Dr. J. H. Graf.

A MES PARENTS
Témoignage d'affection et de reconnaissance

Table des matières.

	pag.
Introduction	7
Chapitre I. Indications générales sur les connaissances	15
A. Appréciation des études	15
B. Matières à enseigner	16
Chapitre II. A quel âge doit-on commencer ses études?	19
Chapitre III. Principes de l'éducation intellectuelle	20
1. Nécessité d'un enseignement méthodique	20
2. Enchaînement des études	21
3. Non multa, sed multum	23
4. Pas trop de choses à la fois	23
5. Passer du facile au difficile	24
6. Du concret à l'abstrait. — Les choses avant les mots	25
7. Démonstration par les objets et non par les signes	28
8. Combinaison des connaissances théoriques avec les exercices corporels	29
Chapitre IV. Les mobiles de l'étude	31
1. Le goût et l'amour de l'étude	31
2. L'exemple des supérieurs	32
3. La curiosité et le désir de s'instruire	33
4. Disposition de l'esprit	34
5. Faire perdre le goût du jeu aux enfants	35
6. Amener l'élève à prendre une part active à l'enseignement	36
7. Docendo discimus	37
8. L'utilité	37
Chapitre V. L'instruction propre à développer les facultés de l'esprit	38
Chapitre VI. La lecture	40
A. La lecture en général	40
B. La méthode	40
Chapitre VII. Enseignement de l'écriture	47
A. Débuts de cet enseignement	47
B. La méthode	47

Chapitre VIII. L'enseignement des langues 47
     A. Point de vue général 47
     B. La langue maternelle 52
     C. Les langues étrangères 54
     D. Les langues classiques 55
Chapitre IX. Sciences physiques et naturelles 61
Chapitre X. La géographie 67
Chapitre XI. Enseignement de l'histoire 74
     A. Son but 74
     B. La méthode 79
Chapitre XII. La connaissance des lois 84
Chapitre XIII. Rhétorique, logique, éthique et style . . . 86
Chapitre XIV. Les mathématiques 90
Conclusion 95

Editions.

L = John Locke. — „Quelques pensées sur l'éducation", Traduction nouvelle par Gabriel Compayré. Edition Hachette & Cie., 1904.
R = J.-J. Rousseau. — „Emile ou de l'éducation". — Nouvelle édition, Garnier, frères.

Introduction.

La pédagogie est, depuis les temps anciens, un objet d'étude chez tous les peuples civilisés. Des hommes distingués, et de toutes nationalités, se sont occupés de cette science si importante pour les générations grandissantes. Chaque grand nom marque une étape et un grand pas dans la marche toujours progressive de cet indispensable facteur du progrès. Qui ne connaît les mérites pédagogiques d'un Montaigne? C'est chez lui que l'Anglais Locke puise ses principes d'éducation, tout en le surpassant dans ce domaine. Locke, à son tour, exerce son influence sur l'immortel Rousseau; et Pestalozzi, enfin, en tire les dernières conséquences et complète les doctrines de l'auteur d',,Emile".

Montaigne, Locke, Rousseau et Pestalozzi, tels sont les grands points de repère dans la grande série des pédagogues depuis le moyen âge jusqu'à nos jours. Ce sont eux qui nous ont donné, après maintes luttes et erreurs, une pédagogie saine et utile; c'est à eux que nous devons les principaux progrès dans l'art d'élever les enfants. Il est évidemment d'un grand intérêt de constater comment et combien chacun de ces quatre grands pédagogues a exercé son influence sur son successeur. J'ai voulu dans cette étude, examiner un peu de près l'influence que Locke a eue, dans le domaine de l'éducation intellectuelle, sur notre compatriote Rousseau. Mais d'abord, quil me soit permis de dire quelques mots de chacun de ces deux hommes éminents:

John Locke naquit à Wrington, dans les environs de Bristol (Angleterre), en 1632. D'après les registres de l'église de sa paroisse, il fut baptisé le 29 août de la même année. Son père, qui hérita une fortune considérable, la perdit presque entièrement dans les troubles sous Charles Ier qu'il servait en qualité de capitaine. Il fit cependant donner une bonne éducation à son fils. Dans les premières années de son enfance, John Locke fut soumis par son père à une discipline un peu rude. Le capitaine Locke, désirant former son fils aux habitudes de l'ordre et de l'obéissance, le tenait à distance. Mais peu à peu, comme l'enfant grandissait, le père le traitait avec plus de familiarité, et enfin père et fils vécurent ensemble comme deux amis. John Locke reconnut plus tard l'efficacité de cette méthode qui consiste à commencer par la sévérité pour aboutir à la douceur.

A l'âge de quatorze ans, Locke fut admis au célèbre collège de Westminster. On y enseignait surtout, comme d'ailleurs de nos jours encore, le latin et le grec. Les autres branches étaient presque totalement négligées. C'est là que l'enseignement de pure forme et l'abus des études verbales inspirèrent à Locke un sentiment de dégoût, sentiment qui s'est encore développé plus tard en lui.

En 1652, Locke entra comme étudiant au Christ Church College d'Oxford. Après y avoir étudié pendant quelque temps la philosophie, il se voue à la médecine; mais il quitte bientôt cette science pour retourner à la philosophie, à laquelle il fut entraîné par les oeuvres de Descartes, qui l'intéressaient vivement.

Devenu bachelier, Locke disposa de plus de liberté et rechercha la société mondaine. Son ami Boyle l'initia aux sciences naturelles, et vers 1665, notre philosophe était tout prêt à redevenir médecin. Alors il ne chercha pas à se créer une situation, ni à obtenir des titres dans cette carrière; mais il fut sa vie durant le médecin écouté de ses amis et de ses protecteurs.

D'une santé délicate, Locke ne pouvait pas choisir une profession définitive. En 1664, il accompagna, en qualité de secrétaire, l'ambassadeur anglais à Clèves. Deux ans après il fut appelé, chez Lord Ashley, à pratiquer une opération chirurgicale délicate qui réussit; Locke devint alors l'ami et le confident intime de son client. Celui-ci lui confia ensuite l'éducation de son fils, et le pédagogue anglais s'acquitta de sa tâche à l'entière satisfaction du père.

Locke débuta dans sa carrière littéraire par la publication des „Letters of Toleration", qu'il composa de 1685 à 1692. Il y défend les mêmes principes que ceux exposés par Milton dans son „Areopagitica": Tolérance de chaque confession, si toutefois celle-ci n'est pas contraire à l'ordre et à la liberté de l'Etat. Les catholiques sont opposés à cette doctrine, à cause de leur dépendance du pape, qui est un souverain étranger.

L'oeuvre la plus grandiose de Locke est son „Essay on human understanding" (Essai sur l'entendement humain). Il y soutient l'idée que toutes les connaissances humaines proviennent des impressions extérieures. D'après lui, l'homme ne sait que ce qu'il a appris par ses sens ou par l'expérience.

Ce livre, qui a fait époque, date de 1690.

Trois ans plus tard, donc en 1693, il publie les „Pensées sur l'Education" (Some thoughts concerning Education). Ces „Pensées" n'étaient pas d'abord destinées à être publiées; elles étaient plutôt le résultat d'une correspondance entre lui et son ami Edward Clarke of Chipley. Locke y développe ses opinions personnelles et son expérience en matière d'éducation. Ses amis ont pu le persuader de soumettre ses idées à la publication sans les altérer. C'est pourquoi il dit dans la préface, s'adressant à Edward Clarke de Chipley: „Ces Pensées sur l'éducation, qui vont maintenant paraître dans le monde, vous appartiennent de droit, puisqu'elles ont été écrites depuis plusieurs années à votre intention: elles ne contiennent pas autre chose que ce que vous avez déjà reçu de moi dans mes lettres. Je n'y ai pas apporté de changement, excepté dans l'ordre des réflexions qui vous ont été adressées à différentes époques et dans diverses circonstances: de sorte que le lecteur reconnaîtra aisément, à la simplicité familière et à la forme du style, que ces pensées sont plutôt l'entretien privé de deux amis, qu'un discours destiné au public." Ceci excusera les nombreuses répétitions qu'on trouve dans le livre de Locke, faute qu'il ne se dissimulait point lui-même.

Mais ce petit défaut est bien compensé par une clarté parfaite du style. Locke ne veut pas briller, il n'a de prétention que celle d'être compris par ses lecteurs. La pensée est toujours égale et son style simple et calme. Il a écrit non pour les professeurs, mais pour le peuple. Il n'a donc rien du „style philosophique", et nous lui en savons gré.

C'est aussi grâce à la forme intelligible de son ouvrage que Locke a eu tant de succès. Son influence en pédagogie est alors décisive. Avant lui, l'éducation morale était considérée comme une simple formalité qu'on négligeait sans scrupule. C'est lui qui place vertu et éducation morale au premier plan. Il attribue aussi une grande importance à l'éducation physique, que la scolastique négligeait et dédaignait.

Quant à J.-J. Rousseau, je crois ne pas avoir besoin de rappeler tous les détails de sa vie. Disons cependant qu'il naquit à Genève, le 28 juin 1712. Sa mère mourut en lui donnant le jour; il n'a donc pas connu la douceur de l'amour et des soins maternels. Le père, qui était horloger, négligeait son fils, ce qui permit à ce dernier de lire, dès sa tendre jeunesse, des romans et d'autres écrits qui eurent une grande influence sur son intelligence. A l'âge de 10 ans, Rousseau fut mis en pension chez le pasteur Lambercier, à Bossey, où il ne se trouvait pas trop mal. Placé en apprentissage chez un greffier, puis chez un graveur, il s'enfuit et trouve asile à Annecy, chez Mme. de Warens. Cette dernière, âgée de 28 ans seulement, était généreuse et remarquable par sa beauté; aussi Rousseau se plaisait-il beaucoup chez elle. Mme. de Warens sut décider le protestant Jean-Jacques à se convertir au catholicisme, cérémonie qui eut lieu au couvent des catéchumènes, à Turin. Il devint ensuite laquais et fit la connaissance d'un jeune abbé du nom de Gaime. Ce digne prêtre a servi de modèle pour le vicaire savoyard, dans l',,Emile". Rousseau quitte ensuite la livrée pour retourner chez Mme. de Warens. Acceptant plusieurs fonctions successivement pour les abandonner bientôt, il vient à Paris en 1741, après maintes aventures et un séjour de huit ans aux Charmettes, près de Chambéry. Il espérait que son projet de notation musicale chiffrée lui procurerait quelques ressources. Mais son espoir fut déçu, car son système fut rejeté par l'Académie des Sciences. Cependant, il a l'occasion de connaître Grimm, Diderot, Mme. d'Epinay, et d'autres écrivains en vue, et un premier succès le rend tout à coup célèbre. Son ,,Discours sur les sciences et les arts" est couronné par l'Académie de Dijon, en 1750. Dans ce traité, Rousseau, suivant son goût pour le paradoxe, se déclare l'adversaire des arts et des sciences, fruits de la civilisation. Il abandonne, après ce succès, sa place de commis et se fait copiste de musique. Ce métier lui accordait plus de loisirs pour s'occuper de ses travaux favoris, et il composa en 1752 le texte et la musique d'un petit opéra, ,,le Devin du Village". Par cette composition, il eut l'heur de plaire à la cour de Fontainebleau, ce qui l'encouragea à publier la ,,Lettre sur la musique française", dans laquelle il conseille aux Français de s'en tenir à la musique italienne, qu'il avait appris à admirer lui-même pendant un séjour de 18 mois à Venise comme secrétaire à l'ambassade de France. En 1753, Rousseau publia son „Discours sur l'inégalité des hommes". Cet ouvrage contient en germes les idées du „Contrat social", et, par conséquent, les principes qui ont amené la grande révolution française.

L'année suivante, Jean Jacques fit un voyage à Genève, où, pour mériter à nouveau le titre de citoyen de la république, il abjura le catholicisme et rentra dans le giron de l'Eglise réformée, qu'il avait quittée dans sa jeunesse. Il songeait à s'établir à Genève, mais il redoutait le voisinage de Voltaire, qui vivait à Ferney, et il revint à Paris. Il est reçu chez Mme. d'Epinay, qui fait construire pour lui l'Ermitage, dans la vallée de Montmorency. C'est là qu'il écrivit sa „Lettre à d'Alembert", et qu'il composa aussi la „Nouvelle Héloïse" (1757—1759), roman qui lui assura une célébrité européenne.

Brouillé avec Mme. d'Epinay, Rousseau vint habiter Montmorency. C'est de cette époque que date sa manie de se croire persécuté par tout le monde. L'année 1762 vit paraître le „Contrat social". Il y pose sans détour le principe de la souveraineté du peuple. Puis il publie l'„Emile", son brillant traité de l'éducation. Cet ouvrage renferme et développe quelques idées très saines. Rousseau veut le retour à la nature; la première enfance, c'est le temps de l'éducation des sens. Mais en exagérant ce beau principe, en ne voulant donner à l'élève d'autre maître que la nature, il a proposé un système d'éducation absolument irréalisable. D'ailleurs, Rousseau ne mettait pas ses propres théories en pratique. S'il rappelle avec éloquence aux pères et mères leurs devoirs, il abandonne à la charité publique, — en les mettant aux „Enfants trouvés", — les enfants issus de son union avec Thérèse Levasseur, femme très ordinaire et peu digne de lui.

Après plusieurs séjours successifs en Suisse et en Angleterre, et après quelques petites publications, il revint en France (1767), et il mourut subitement à Ermenonville (en 1778). Les „Confessions" qu'il nous a laissées en manuscrit, ont été publiées après sa mort.

Examinons succinctement le temps où Locke et Rousseau ont vécu, et disons quelques mots de la pédagogie en Angleterre et en France avant eux.

Locke vivait dans une période de transition complète. Les sciences naturelles commençaient à fleurir, la philosophie se basait sur l'expérience et le déisme se propageait. Deux grandes révolutions dans l'Eglise et dans l'Etat ont suivi. On engageait, pour l'éducation des enfants de la haute société, des abbés et des bonnes français, tandis que dans les classes moyennes on se contentait de l'enseignement des sciences de l'antiquité.

Le siècle de Rousseau forme un contraste frappant avec l'époque barbare et rude où vécut Locke. Le 18e siècle est, en France, le siècle des manières raffinées, mais aussi celui de la démoralisation. Les nobles et le haut clergé considéraient le peuple comme étant composé d'êtres inférieurs qui n'osaient exprimer quelques idées avancées, sous peine d'être victimes du système odieux des lettres de cachet. A l'orgueil des nobles et du clergé qui exploitaient la nation, s'ajoutaient encore leurs débauches, le fanatisme, l'égoïsme, l'ambition et l'hypocrisie. Le tiers Etat vivait dans la pauvreté. Des contrées entières étaient tombées dans la plus profonde misère, tandis que les seigneurs, propriétaires fonciers, dissipaient les revenus des pauvres provinces dans la luxueuse capitale.

L'éducation publique était entre les mains de ces nobles et de ce clergé. Qu'on se représente son état! La plus grande intelligence y coudoyait l'extrême démoralisation. Au-dessus de cette situation s'élève la voix du Suisse Rousseau qui proteste contre cette grande immoralité; et il le fait avec la vigueur d'un idéaliste qui croit encore que le coeur humain est foncièrement bon.

Pour Locke et pour Rousseau, il s'agissait d'améliorer l'état des choses dans leurs pays respectifs. Dans ce but ils prennent tous deux la plume. Mais chacun reste enfant de son peuple. L'Anglais Locke était un homme d'une tranquillité parfaite et d'une grande lucidité d'esprit. Il était subtil, aimable, sans passion, honnête, pieux et bon chrétien. Il existe une harmonie parfaite entre sa vie et ses écrits. Ces derniers sont l'image fidèle de son être.

Rousseau, par contre, est tout différent. Nerveux, sensuel, son éducation intellectuelle dépend du hasard et de l'inclination du moment. Sa vie est un exemple d'inconstance. Aussi ses écrits sont-ils remplis de contradictions. Ils sont indécis, non systématiques, mais enrichis de belles et nobles idées, originaux par le fond, et excellents, même classiques par la forme. Et si la raison prévaut dans les livres de Locke, l'imagination l'emporte dans ceux de Rousseau. Grâce au style brillant de ce dernier, on commençait, après l'apparition de l',,Emile", à oublier les ,,Pensées" de Locke. Et c'est un tort, car l',,Emile" est à moitié la suite, à moitié le développement complémentaire des doctrines de Locke. Dans les pages suivantes, j'essaierai de constater dans quelle mesure Rousseau a été influencé par Locke, et combien il est resté indépendant dans son ,,Emile", et particulièrement dans le chapitre traitant de l'éducation intellectuelle.

Chapitre I.

Indications générales sur les connaissances.

A. Appréciation des études.

De toutes les branches de l'éducation, l'instruction est celle qui est la moins considérée, aussi bien chez Locke que chez Rousseau. Le premier en parle en dernier lieu dans son livre, et elle est à ses „yeux la moindre partie de l'éducation".[1] Il en dit: „La lecture, l'écriture, l'instruction, je crois tout cela nécessaire, mais je ne pense pas que ce soit la principale affaire de l'éducation. J'imagine que vous prendriez pour un fou celui qui n'estimerait pas infiniment plus un homme vertueux et sage que le plus accompli des scholars. Ce n'est pas qu'à mon sens l'instruction ne soit d'un grand secours aux esprits bien disposés, pour les rendre sages et vertueux; mais, selon moi, il faut reconnaître aussi que, chez les esprits dont les dispositions sont moins bonnes, elle ne sert qu'à les rendre plus sots et plus méchants. . . . L'instruction est nécessaire, mais elle ne doit être placée qu'au second rang, comme un moyen d'acquérir de plus grandes qualités".[2]

Locke n'attribue donc aux connaissances qu'un rôle secondaire dans l'éducation. La vertu, l'expérience, soit l'éducation morale et l'éducation pratique, sont, selon lui, beaucoup plus importantes.

Rousseau, à son tour, est tout-à-fait du même avis; seulement, il expose plus clairement son point de vue.

[1] L. § 147.
[2] L. § 147.

Il s'étend d'abord sur l'idée que nous avons beaucoup à apprendre surtout du côté pratique et en ce qui concerne l'éducation propre à développer les facultés de l'esprit, mais moins dans le domaine des sciences. Laissons-lui la parole:

„On serait surpris des connaissances de l'homme le plus grossier si l'on suivait son progrès depuis le moment où il est né jusqu'à celui où il est parvenu. Si l'on partageait toute la science humaine en deux parties, l'une commune à tous les hommes, l'autre particulière aux savants, celle-ci serait très petite en comparaison de l'autre."[3]

Donc, la formation de l'esprit et l'éducation morale sont les deux branches les plus importantes de la pédagogie. Voilà pourquoi Rousseau voudrait appeler plutôt „gouverneur que précepteur le maître de cette science, parce qu'il s'agit moins pour lui d'instruire que de conduire."[4]

B. Matière à enseigner.

Quant à la matière qui doit être enseignée, Rousseau pose comme premier principe: „Emile a peu de connaissances, mais celles qu'il a sont véritablement siennes, il ne sait rien à demi."[5]

Dans le choix de ce petit contingent de connaissances, il observe les règles suivantes:

1. L'enfant doit apprendre seulement ce qui lui fait plaisir: „Rejetons donc encore de nos premières études les connaissances dont le goût n'est point naturel à l'homme, et bornons-nous à celles que l'instinct nous porte à chercher."[6] Car, on comprend fort bien qu'un enfant n'aime pas les études, si elles sont un „instrument avec

---

[3] R. I. p. 36.
[4] R. I. p. 22.
[5] R. III. p. 233.
[6] R. III. p. 178.

lequel on le tourmente; mais faites que cet instrument serve à ses plaisirs, et bientôt il s'y appliquera malgré vous."⁷) Donc le gouverneur doit savoir éveiller chez l'enfant l'amour pour les études.

2. L'enfant ne doit apprendre que ce qui lui est utile et ce dont il voit l'utilité: „Des connaissances qui sont à notre portée, les unes sont fausses, les autres sont inutiles, les autres servent à nourrir l'orgueil de celui qui les a. Le petit nombre de celles qui contribuent réellement à notre bien-être est seul digne des recherches d'un homme sage, et par conséquent d'un enfant qu'on veut rendre tel. Il ne s'agit point de savoir ce qui est, mais seulement ce qui est utile."⁸)

Et encore, l'enfant ne doit-il pas savoir tout ce qui est utile à l'homme, mais seulement les choses dont il comprend l'utilité: „Il importe qu'un homme sache bien les choses dont un enfant ne saurait comprendre l'utilité; mais faut-il et se peut-il qu'un enfant apprenne tout ce qu'il importe à un homme de savoir? Tâchez d'apprendre à l'enfant tout ce qui est utile à son âge, et vous verrez que tout son temps sera plus que rempli. Pourquoi voulez-vous, au préjudice des études qui lui conviennent aujourd'hui, l'appliquer à celle d'un âge auquel il est si peu sûr qu'il parvienne? Mais, direz-vous, sera-t-il temps d'apprendre ce qu'on doit savoir quand le moment sera venu d'en faire usage? Je l'ignore; mais ce que je sais, c'est qu'il est impossible de l'apprendre plus tôt."⁹) Donc, les enfants ne doivent „rien apprendre dont ils ne sentent l'avantage actuel et présent."¹⁰)

3. L'enfant ne doit apprendre que ce qu'il comprend parfaitement, c'est-à-dire les choses, mais pas encore les

---

⁷) R. II. p. 110.
⁸) R. III. p. 177.
⁹) R. III. p. 194.
¹⁰) R. II. p. 109.

hommes, ni les idées abstraites. Il faut donc faire abstraction des „vérités qui demandent, pour être comprises, un entendement déjà tout formé; celles qui supposent la connaissance des rapports de l'homme, qu'un enfant ne peut acquérir; celles qui, bien que vraies en elles-mêmes, disposent une âme inexpérimentée à penser faux sur d'autres sujets."[11])

Locke ne nous précise pas aussi distinctement le choix de la matière à enseigner. On trouve pourtant déjà assez clairement chez lui le principe de l'éducation utilitaire. Voici ce qu'il en dit: „Dans toutes les parties de l'éducation, ce qui réclame le plus de temps et d'efforts, ce sont les connaissances qui vraisemblablement seront de la plus grande conséquence, et du plus fréquent usage, dans le cours ordinaire et dans les circonstances de la vie à laquelle est destiné le jeune homme."[12])

On voit donc, déjà clairement, par ce premier chapitre, l'influence de l'auteur anglais sur le philosophe français. Chez tous deux l'éducation intellectuelle ne joue qu'un rôle secondaire. Il veulent aussi, l'un et l'autre, faire un choix dans les études. Mais si Locke ne pose que l'utilité comme condition, Rousseau fait un pas de plus. Il veut qu'on étudie seulement ce qui est attrayant et intelligible pour les enfants. Ce point nous montre la supériorité du philosophe français sur Locke. Pourtant, il faut objecter au premier point que souvent l'enfant devra apprendre quelque chose qui lui sera désagréable. Mais Rousseau ne doit pas être suivi à la lettre; il veut dire sans doute qu'on doit rendre l'étude agréable autant que possible. Ainsi compris, le pédagogue français a eu le grand mérite d'avoir essayé de rendre les études attrayantes. Aussi devrions-nous, de

---

[11]) R. III. p. 177.
[12]) L. § 198.

nos jours, mettre mieux en pratique ce principe, ce qui serait d'un grand avantage pour notre jeunesse.

Chapitre II.

A quel âge doit-on commencer ses études?

Les deux auteurs ne sont pas d'accord quant au choix de l'âge où l'on doit commencer l'éducation intellectuelle. Tandis que le philosophe anglais veut commencer très tôt dans toutes les branches, Jean-Jacques considère la période entre douze et quinze ans comme étant la plus propice à l'étude. A cet âge, „le progrès des forces ayant passé celui des besoins, l'animal croissant, encore absolument faible, devient fort par relation. Ses besoins n'étant pas tous développés, ses forces actuelles sont plus que suffisantes pour pourvoir à ceux qu'il a. Comme homme il serait très faible; comme enfant il est très fort."[1]

„A douze ou treize ans les forces de l'enfant se développent bien plus rapidement que ses besoins. ... Non seulement il peut se suffire à lui-même, il a de la force au-delà de ce qu'il en faut; c'est le seul temps de sa vie où il sera dans ce cas."[2]

„Cet intervalle où l'individu peut plus qu'il ne désire, bien qu'il ne soit pas le temps de sa plus grande force absolue, est, comme je l'ai dit, celui de sa plus grande force relative. Il est le temps le plus précieux de la vie, temps qui ne vient qu'une seule fois; temps très court, et d'autant plus court, comme on verra dans la suite, qu'il lui importe plus de le bien employer."[3] „... Voici donc

---
[1] R. III. p. 175.
[2] R. III. p. 175.
[3] R. III. p. 176.

le temps des travaux, des instructions, des études, et remarquez que ce n'est pas moi qui fait arbitrairement ce choix, c'est la nature elle-même qui l'indique."[4])

Ici, la supériorité de Rousseau est aussi facile à démontrer. Tous les médecins et pédagogues expérimentés déconseillent de commencer les études trop tôt. Rousseau naturellement exagère, en fixant le commencement des études entre la douzième et la quinzième année. Ce principe ne peut être observé de nos jours, si l'on veut maintenir un rang honorable dans l'éducation intellectuelle. De nos jours, nous avons tant à apprendre qu'il serait certainement préjudiciable de commencer si tard. Mais, en donnant suite aux conseils de Rousseau de diminuer les matières à étudier, on pourrait très bien agir dans ce sens, et cela sans doute au profit de la race humaine. Comme en politique aucune des puissances rivales ne veut commencer le désarmement, de peur d'être surpassée, de même dans l'enseignement, personne ne renoncera aux avantages d'une solide instruction en réduisant la quantité de matières à étudier.

Chapitre III.

Principes de l'éducation intellectuelle.

1. Nécessité d'un enseignement méthodique.

Locke et Rousseau veulent une certaine méthode dans l'enseignement. Le premier dit à ce sujet: „Ce dont je suis sûr, c'est que pour éclairer la route d'un écolier, pour le soutenir dans sa marche, pour lui permettre de marcher

---

[4]) R. III. p. 176.

d'un pas aisé et d'avancer très loin dans n'importe quelle recherche, rien ne vaut une bonne méthode."[1])

Rousseau, à son tour, exige un enseignement méthodique: „Dès que l'enfant commence à distinguer les objets, il importe de mettre du choix dans ceux qu'on lui montre."[2])

D'après lui, cette méthode doit être mise en vigueur très tôt. Il la réclame déjà pour le développement des sens: „Dans le commencement de la vie, où la mémoire et l'imagination sont encore inactives, l'enfant n'est attentif qu'à ce qui affecte actuellement ses sens; ses sensations étant les premiers matériaux de ses connaissances, les lui offrir dans un ordre convenable, c'est préparer sa mémoire à les fournir un jour dans le même ordre à son entendement."[3])

Il faut remarquer ici que Rousseau ne fait qu'amplifier la pensée de Locke. Il veut suivre une méthode non seulement dans les études, mais encore, et avec raison, dans l'éducation et le développement des sens.

2. Enchaînement des études.

Locke n'exige pas encore formellement une coordination des branches qui ont des rapports entre elles, mais Rousseau se fait le champion de cette idée en disant:

„Il y a une chaîne de vérités générales par laquelle toutes les sciences tiennent à des principes communs et se développent successivement: cette chaîne est la méthode des philosophes. Ce n'est point de celle-là qu'il s'agit ici. Il y en a une toute différente, par laquelle chaque objet particulier en attire un autre et montre toujours celui qui le suit. Cet ordre, qui nourrit, par une curiosité continuelle, l'attention qu'ils exigent tous est celui que

---

[1]) L. § 195.
[2]) R. I. p. 37.
[3]) R. I. p. 39.

suivent la plupart des hommes, et surtout celui qu'il faut aux enfants."[4])

Un „autre avantage de cet enchaînement de connaissances bornées, mais justes, est de les lui montrer par leurs liaisons, par leurs rapports, de les mettre toutes à leurs places dans son estime, et de prévenir en lui les préjugés qu'ont la plupart des hommes pour les talents qu'ils cultivent, contre ceux qu'ils ont négligés."[5])

Et Rousseau insiste encore, d'autre part, sur cet enchaînement des connaissances quand il dit: „J'ai déjà dit que les connaissances purement spéculatives ne convenaient guère aux enfants, même approchant de l'adolescence mais, sans les faire entrer bien avant dans la physique systématique, faites pourtant que toutes leurs expériences se lient l'une à l'autre par quelque sorte de déduction, afin qu'à l'aide de cette chaîne ils puissent les placer par ordre dans leur esprit et se les rappeler au besoin; car il est bien difficile que des faits et même des raisonnements isolés tiennent longtemps dans la mémoire, quand on manque de prise pour les y ramener."[6])

Ici aussi la supériorité de Rousseau sur Locke se montre clairement. Abstraction faite de quelques exagérations que le philosophe français se permet, le principe est sans doute juste. On devrait étudier parallèlement les branches qui présentent un certain rapport et une certaine affinité entre elles. Les temps modernes suivent les aspirations de Rousseau. Cela se voit clairement chez les étudiants qui choisissent en général des branches ayant une certaine corrélation entre elles. Cette tendance prépare le chemin au pédantisme et à un exclusivisme qui pourrait être fatal. Nous osons cependant affirmer que cette méthode présente plus d'avantages que d'inconvénients.

[4]) R. III. p. 178.
[5]) R. III. 213.
[6]) R. III. p. 192.

3. Non multa, sed multum.

Les deux auteurs sont du même avis quand ils demandent qu'avant d'inculquer des connaissances à l'enfant il faut le rendre susceptible d'en acquérir. Laissons-les parler eux-mêmes. Locke dit:

„Pour conclure sur ce point, et sur les études du jeune gentleman, je dirai que son précepteur doit se rappeler que son rôle n'est pas tant de lui enseigner toutes les sciences connues, que de lui inspirer le goût et l'amour de la science, et de le mettre en état d'acquérir de nouvelles connaissances, quand il en aura envie."[7]

Rousseau juge exactement de la même manière: „Emile a peu de connaissances, mais celles qu'il a sont véritablement siennes, il ne sait rien à demi.... Il a un esprit universel, non par les lumières, mais par la faculté d'en acquérir; un esprit ouvert, intelligent, prêt à tout, et, comme dit Montaigne, sinon instruit, du moins instruisable... Mon objet n'est point de lui donner la science, mais de lui apprendre à l'acquérir au besoin."[8]

Pas n'est besoin de faire observer que Rousseau, dans ce chapitre, marche sur les traces du philosophe anglais. Les opinions des deux sont sans doute justes; mais malheureusement peu mises en pratique. Ainsi, dans les examens il s'agit moins de faire preuve de capacités que de montrer tout ce qu'on sait, tout ce qu'on a accumulé dans la mémoire pour cette circonstance, et qu'on oublie bien vite.

4. Pas trop de choses à la fois.

„Quel que soit votre enseignement, dit Locke, ayez bien soin de ne pas le charger de trop de choses à la fois."[9]

---

[7] L. § 195.
[8] R. III. p. 233.
[9] L. § 169.

Rousseau est d'accord avec son prédécesseur et veut surtout qu'on avance lentement dans les études, c'est-à-dire pas à pas, et de concert avec le développement naturel de l'enfant.

„Quand on n'est pas maître de modérer un développement trop rapide, il faut mener avec la même rapidité ceux qui doivent y correspondre; en sorte que l'ordre ne soit point interverti, que ce qui doit marcher ensemble ne soit point séparé, et que l'homme, tout entier à tous les moments de sa vie, ne soit pas à tel point par une de ces facultés, et à tel autre point par les autres." [10]

Je ferai aussi remarquer que Rousseau demande à plusieurs reprises qu'on perde du temps dans la première époque de l'éducation afin d'en gagner plus tard.

Le principe qui consiste à n'étudier que peu de choses à la fois est juste, et Rousseau, en se conformant au développement naturel, prouve de nouveau sa supériorité. Locke indique le vrai chemin; Rousseau le jalonne et montre le but à atteindre.

Il est à regretter que la pédagogie moderne n'observe pas assez les théories de nos deux auteurs. On veut greffer à la fois toutes les connaissances dans le cerveau de l'enfant et on n'a pas assez égard au développement naturel. Les parents et les maîtres veulent faire de leurs enfants des petits prodiges et s'en servir pour briller eux-mêmes en les présentant.

5. Passer du facile au difficile.

On trouve de nouveau un même principe chez Locke et chez Rousseau; c'est celui qui consiste à commencer par le facile pour passer ensuite au difficile. Le pédagogue anglais dit à ce sujet: „Il faut avoir grand soin de commencer par les notions les plus simples et les plus claires,

---

[10] R. IV. p. 301.

de n'enseigner que le moins possible de choses à la fois, et de bien fixer chaque connaissance dans la tête de l'enfant, avant de passer à ce qui suit ou d'aborder un point nouveau de la même étude."[11])

Et de même, Rousseau dit: „Comme nous procédons toujours lentement d'idée sensible en idée sensible, que nous nous familiarisons longtemps avec la même avant de passer à une autre, et qu'enfin nous ne forçons jamais notre élève d'être attentif, il y a loin de cette première leçon à la connaissance du cours du soleil et de la figure de la terre."[12])

La justesse de ce principe est d'une incontestable évidence et n'a pas besoin de commentaire.

6. Du concret, à l'abstrait. — Les choses avant les mots.

Quant à la suite des connaissances à acquérir, les deux auteurs sont d'avis tout à fait opposés. Locke considère, comme base de l'éducation intellectuelle, la connaissance des langues, et il veut commencer les études avec elles. La connaissance des choses est secondaire; elle se fait au moyen des langues. Avec le latin „l'enfant peut en même temps former son esprit et ses manières, et faire des progrès dans plusieurs sciences, telles que la géographie, l'astronomie, la chronologie, l'anatomie, sans compter certaines parties de l'histoire et en général toutes les connaissances concrètes qui tombent sous les sens et n'exigent guère d'autre faculté que la mémoire. C'est par là en effet que devrait commencer l'instruction, si l'on avait souci de suivre la bonne voie."[13])

Pour Rousseau, au contraire, les choses constituent les premiers objets d'étude. Il va du concret à l'abstrait:

---

[11]) L. § 180.
[12]) R. III. p. 181.
[13]) L. § 166.

„Des mots, encore des mots, et toujours des mots. Parmi les diverses sciences qu'ils se vantent de leur enseigner, ils se gardent bien de choisir celles qui seraient véritablement utiles, parce que ce seraient des sciences de choses, et qu'ils n'y réussiraient pas; mais celles qu'on paraît savoir quand on en sait les termes, le blason, la géographie, la chronologie, les langues, etc.; toutes études si loin de l'homme, et surtout de l'enfant, que c'est une merveille si rien de tout cela lui peut être utile une seule fois en sa vie."[14])

„Transformons nos sensations en idées, mais ne sautons pas tout d'un coup des objets sensibles aux objets intellectuels; c'est par les premiers que nous devons arriver aux autres. Dans les premières opérations de l'esprit, que les sens soient toujours ses guides; point d'autre livre que le monde, point d'autre instruction que les faits."[15])

„Considérez aussi que, bornés par nos facultés aux choses sensibles, nous n'offrons presque aucune prise aux notions abstraites de la philosophie et aux idées purement intellectuelles. Pour y atteindre il faut, ou nous dégager du corps auquel nous sommes si fortement attachés, ou faire d'objet en objet un progrès graduel et lent, ou enfin franchir rapidement et presque d'un saut l'intervalle par un pas de géant dont l'enfance n'est pas capable, et pour lequel il faut même aux hommes bien des échelons faits exprès pour eux. La première idée abstraite est le premier de ces échelons; mais j'ai bien de la peine à voir comment on s'avise de les construire."[16])

Et Rousseau réfute l'auteur anglais quand il dit: „Locke veut qu'on commence par l'étude des esprits, et qu'on passe ensuite à celle des corps. Cette méthode est celle de la superstition, des préjugés, de l'erreur: ce n'est point celle

---
[14]) R. II. p. 98.
[15]) R. III. p. 179.
[16]) R. IV. p. 295.

de la raison, ni même de la nature bien ordonnée; c'est se boucher les yeux pour apprendre à voir. Il faut avoir longtemps étudié les corps pour se faire une véritable notion des esprits, et soupçonner qu'ils existent. L'ordre contraire ne sert qu'à établir le matérialisme."[17])

En parlant de la „philosophie naturelle", Locke dit en effet: „Mais quelque soit le nom que l'on donne à l'étude des esprits, je crois qu'elle doit venir avant l'étude de la matière et des corps.... En effet, sans la notion de l'esprit, notre philosophie sera boiteuse et restera incomplète dans une de ses parties essentielles, puisqu'elle laissera de côté la considération des êtres les plus puissants et les plus excellents de la création."[18])

Mais Rousseau répond aussi au sujet de l'esprit: „Puisque nos sens sont les premiers instruments de nos connaissances, les êtres corporels et sensibles sont les seuls dont nous ayons immédiatement l'idée. Ce mot „esprit" n'a aucun sens pour quiconque n'a pas philosophé. Un esprit n'est qu'un corps pour le peuple et pour les enfants. N'imagine-t-il pas des esprits qui crient, qui parlent, qui battent, qui font du bruit?... Voilà précisément l'erreur où mène l'ordre de Locke."[19])

C'est une idée de prédilection de J.-J. Rousseau que de vouloir enseigner d'abord les choses et ensuite les mots. Il parle de ce point en différents passages qu'il serait trop long de citer textuellement ici. Remarquons seulement que les opinions de Rousseau sont celles que nous admettons aujourd'hui, mais, il est vrai, sans les observer toujours. Leur supériorité ne peut, cependant, pas être mise en doute.

Locke est encore imbu des conceptions scolastiques du moyen âge. Et ce sont précisément les opinions fausses du pédagogue anglais qui ont porté Rousseau à s'occuper

---

[17]) R. IV. p. 296.
[18]) L. § 190.
[19]) R. IV. 296. 297.

à fond de cette question. Comme nous l'avons vu, il s'adresse à différentes reprises à Locke et cite ses idées. Donc, ici aussi on peut constater l'influence de Locke dont les conceptions ont provoqué une splendide réfutation de la part du philosophe français, ce qui prouve que ce dernier a étudié à fond les „Pensées sur l'éducation".

7. Démonstration par les objets et non par les signes.

Le principe qui consiste à tout démontrer par la chose elle-même se trouve seulement chez Rousseau. C'est à lui qu'appartient le mérite d'avoir préconisé cette méthode.

„En général, ne substituez jamais le signe à la chose que quand il vous est impossible de la montrer; car le signe absorbe l'attention de l'enfant et lui fait oublier la chose représentée."[20] On doit enseigner „très clairement la sphère en prenant le monde pour le monde et le soleil pour le soleil."[21]

Voilà aussi la raison pour laquelle Rousseau combat les livres:

„Comme tout ce qui entre dans l'entendement humain y vient par les sens, la première raison de l'homme est une raison sensitive; c'est elle qui sert de base à la raison intellectuelle: nos premiers maîtres de philosophie sont nos pieds, nos mains, nos yeux. Substituer des livres à tout cela, ce n'est pas nous apprendre à raisonner, c'est nous apprendre à nous servir de la raison d'autrui; c'est nous apprendre à beaucoup croire, et à ne jamais rien savoir."[22]

„Je ne me lasse point de le redire: mettez toutes les leçons des jeunes gens en actions plutôt qu'en discours; qu'ils n'apprennent rien dans les livres de ce que l'expérience peut leur enseigner."[23]

---

[20] R. III. p. 182.
[21] R. III. p. 182.
[22] R. II. p. 121.
[23] R. IV. p. 290.

Aussi doit-on à ce point de vue donner raison à Rousseau. On devrait se servir autant que possible des choses elles-mêmes pour la démonstration. Les imitations artificielles nous donnent souvent de fausses ou de mauvaises idées des choses. Les livres n'étant autre chose que des objets artificiels de démonstration, on comprend que Rousseau veuille diminuer leur influence. S'il va trop loin dans son projet, et si son principe paraît aussi absurde, nous devons le lui pardonner en considération du grand usage que l'on faisait des livres en son temps comme de nos jours. Que de matières n'enseigne-t-on pas encore aujourd'hui dans la chambre, derrière de grands livres, alors qu'on les pourrait mieux apprendre dans la nature! Je veux parler tout particulièrement des sciences naturelles, de la géographie, etc. La faute en est souvent au maître, qui préfère être assis derrière sa chaire plutôt que de se donner la peine de chercher un endroit propice à un enseignement profitable.

8. Combinaison des connaissances théoriques avec les exercices corporels.

Le principe qui consiste à combiner l'étude des connaissances avec l'éducation physique ne se trouve pas encore chez Locke; par contre, J.-J. Rousseau s'en fait le préconisateur, et c'est de nouveau un mérite qui lui revient. Il dit: „L'avantage le plus sensible de ces lentes et laborieuses recherches est de maintenir, au milieu des études spéculatives, le corps dans son activité, les membres dans leur souplesse, et de former sans cesse les mains au travail et aux usages utiles à l'homme."[24])

„Au lieu de coller un enfant sur des livres, si je l'occupe dans un atelier, ses mains travaillent au profit de son esprit: il devient philosophe et croit n'être qu'un ouvrier."[25]) Et plus loin Rousseau dit encore de l'élève: „Une heure

---
[24]) R. III. p. 191.
[25]) R. III. p. 191.

de travail lui apprendra plus de choses qu'il n'en retiendrait d'un jour d'explication."[26])

Et l'auteur français nous donne la quintessence de ses déductions sur ce point en disant: „Si jusqu'ici je me suis fait entendre, on doit concevoir comment avec l'habitude de l'exercice du corps et du travail des mains, je donne insensiblement à mon élève le goût de la réflexion et de la méditation, pour balancer en lui la paresse qui résulterait de son indifférence pour les jugements des hommes et du calme de ses passions. Il faut qu'il travaille en paysan et qu'il pense en philosophe, pour n'être pas aussi fainéant qu'un sauvage. Le grand secret de l'éducation est de faire que les exercices du corps et ceux de l'esprit servent toujours de délassement les uns aux autres."[27])

Aussi l'idée de Rousseau est-elle bonne. Esprit et corps doivent être développés, et quand on peut travailler simultanément à ces deux genres d'éducation, on gagne du temps. Malheureusement beaucoup de nos savants n'ont pas compris la justesse de ce principe. Ils ont soin de leur esprit seulement et oublient le proverbe: mens sana in corpore sano. Le service militaire tel qu'il est organisé en Suisse constitue un excellent moyen d'application pratique du principe de Rousseau, voulant faire alterner les exercices de l'esprit avec ceux du corps. Les cours d'exercices militaires sont d'un grand profit pour l'homme de la science. Elles sont la meilleure récréation des vacances. Malheureusement beaucoup croient qu'ils perdent du temps par le fait qu'ils sont appelés à accomplir leur service militaire. Ils prouvent par là qu'ils n'ont pas des vues bien étendues et qu'ils ne sont pas des disciples de Rousseau.

[26]) R. III. p. 204.
[27]) R. III. p. 227.

Chapitre IV.

Les mobiles de l'étude.

1. Le goût et l'amour de l'étude.

Le goût et l'amour sont, d'après Locke comme d'après Rousseau, les premiers mobiles de l'étude. L'enfant doit vouloir étudier sans y être contraint. Le plaisir qu'on a à étudier a une influence sensible sur le développement intellectuel.

Voici ce que dit Locke: „La vraie manière d'enseigner ces choses (les connaissances), c'est d'inspirer aux enfants le goût et l'amour des études qu'on leur propose; c'est d'exciter par là leur activité et leur application."[1]

Donc, „n'obligez jamais les enfants à une étude qui serait un fardeau pour eux et qu'il faudrait leur imposer comme une tâche. Toute étude faite dans ces conditions leur devient immédiatement déplaisante. Ils la prennent en dégoût, alors même qu'elle leur eût été jusque-là indifférente ou même agréable."[2]

Rousseau, comme on peut le constater dans les lignes suivantes, est du même avis: „Si l'on ne doit rien exiger des enfants par obéissance, il s'ensuit qu'ils ne peuvent rien apprendre dont ils ne sentent l'avantage actuel et présent, soit d'agrément, soit d'utilité; autrement quel motif les porterait à l'apprendre?"[3]

„On se fait une grande affaire de chercher les meilleures méthodes d'apprendre à lire, on invente des bureaux, des cartes.... Un moyen plus sûr que tout cela, et celui qu'on oublie toujours, est le désir d'apprendre. Donnez à

---

[1]) L. § 72.
[2]) L. § 73.
[3]) R. II. p. 109.

l'enfant ce désir, puis laissez là vos bureaux et vos dés, toute méthode lui sera bonne."[4])

Et Rousseau dit encore plus loin: „Mais ce n'est jamais la contrainte, c'est toujours le plaisir ou le désir qui doit produire cette attention; il faut avoir grand soin qu'elle ne l'accable point et n'aille pas jusqu'à l'ennui."[5])

On ne devrait pas, autant que faire se peut, obliger les enfants à étudier. L'obligation leur rend l'étude odieuse. Mais il y a des cas où l'enfant doit apprendre quelque chose qui ne lui plaît pas, et souvent il est bien difficile d'éveiller en lui le goût et l'amour de l'étude d'après la méthode de Rousseau. C'est très beau en théorie, mais en pratique, souvent irréalisable.

2. L'exemple des supérieurs.

Locke nous dit à propos de l'influence qu'exerce l'exemple des supérieurs: „Si vous avez soin surtout de leur présenter les choses qu'ils voient faire à autrui comme le privilège d'un âge plus avancé ou d'une condition plus relevée que la leur, alors l'ambition, le désir de s'élever toujours plus haut, de ressembler à ceux qui sont au-dessus d'eux animera leur ardeur et les disposera à agir avec entrain et avec plaisir."[6])

Rousseau, par contre, fait front surtout à l'ambition que Locke veut cultiver chez les enfants: „Du reste, jamais de comparaisons avec d'autres enfants, point de rivaux, point de concurrents .... j'aime cent fois mieux qu'il n'apprenne point ce qu'il n'apprendrait que par jalousie ou par vanité."[7])

Rousseau exagère. La modestie est un décorum, mais pas à l'école. Si l'ambition ne doit pas être trop cultivée,

---

[4]) R. II. p. 110.
[5]) R. III. p. 184.
[6]) L. § 76.
[7]) R. II. p. 201.

elle est pourtant bonne jusqu'à un certain degré: elle a déjà fait beaucoup de grands hommes, et, malgré ses côtés désagréables, elle est à preférer à la paresse.

3. La curiosité et le désir de s'instruire.

Locke dit concernant la curiosité des enfants: „S'il ne faut jamais faire attention à ce que disent les enfants quand ils demandent ceci ou cela, . . . il convient au contraire de les écouter toujours et de leur répondre nettement et avec douceur, lorsqu'ils vous questionnent sur quelque chose qu'ils veulent connaître et dont ils désirent s'instruire. Il faut prendre autant de soin d'encourager la curiosité chez les enfants que d'étouffer leurs autres appététits."[8]

Locke veut donc encourager la curiosité des enfants, „qui n'est que le désir de connaître".[9] Voici les moyens qu'il conseille d'employer dans ce but:

a) „Ne rejetez, ne dédaignez aucune des questions de l'enfant; ne souffrez point qu'on s'en moque; répondez à toutes ses demandes; expliquez-lui ce qu'il veut connaître, de façon à le lui rendre aussi intelligible que le permettent et son âge et son esprit."[10]

b) „Il faut louer devant eux les personnes qu'ils estiment, pour les connaissances qu'elles possèdent sur tel ou tel sujet. Et puisque l'homme est dès le berceau un être vain et orgueilleux, ne craignez pas de flatter leur vanité pour des choses qui les rendront meilleurs. . . . . D'après ces principes, vous reconnaîtrez qu'il n'y a pas d'aiguillon plus puissant pour exciter votre fils aîné à apprendre ce que vous désirez qu'il apprenne, que de lui confier le soin de l'enseigner lui-même à ses frères et à ses soeurs puînés."[11]

---

[8] L. § 108.
[9] L. § 118.
[10] L. § 118.
[11] L. § 119.

c) „Ce ne sera peut-être pas un mal, pour exciter la curiosité des enfants de leur mettre quelquefois sous les yeux des choses étranges et nouvelles, afin de provoquer leurs recherches et de leur donner l'occasion de s'enquérir à ce sujet."[12]

La curiosité est aussi, selon Rousseau, un mobile de l'instruction: „D'abord les enfants ne sont que remuants, ensuite ils sont curieux; et cette curiosité bien dirigée est le mobile de l'âge où nous voilà parvenus."[13]

Pour éveiller la curiosité, Rousseau nous indique encore un autre moyen:

„Rendez votre élève attentif aux phénomènes de la nature, bientôt vous le rendrez curieux; mais, pour nourrir sa curiosité ne vous pressez jamais de la satisfaire. Mettez les questions à sa portée, et laissez-les lui résoudre. Qu'il ne sache rien parce que vous le lui avez dit, mais parce qu'il l'a compris lui-même; qu'il n'apprenne pas la science, qu'il l'invente."[14]

Locke et Rousseau sont donc d'accord de classer la curiosité parmi les mobiles de l'étude. Les moyens d'exciter la curiosité sont très justes chez le médecin anglais; mais celui-ci est surpassé par le philosophe français qui a trouvé les plus grands mobiles de la curiosité dans la nature.

4. Disposition de l'esprit.

D'après Locke „il ne faut obliger les enfants à faire les choses mêmes dont vous avez réussi à leur inspirer le goût que dans les moments où ils sont disposés.... Observons donc avec attention tous leurs changements d'humeur, et empressons-nous de saisir les moments favo-

---

[12] L. § 121.
[13] R. III. p. 178.
[14] R. III. p. 179.

rables où ils sont bien disposés et en état de comprendre ce que nous leur enseignons."[15]) Si les enfants par eux-mêmes „sont trop rarement prêts à se mettre au travail, vous pouvez par des paroles faire naître cette disposition dans leur esprit."[16])

Rousseau ne parle pas de la disposition. Il est probable qu'il accepte sans mot dire l'opinion de Locke qui est très bonne si l'enfant a un précepteur. Dans les grandes classes des écoles publiques, il sera difficile d'observer toujours les principes de Locke.

5. Faire perdre le goût du jeu aux enfants.

C'est une opinion personnelle de Locke et un de ses sophismes les plus raffinés, qui doit être certainement employé avec modération, que de vouloir rendre le jeu ennuyeux à l'enfant. Il dit que s'il est trop tard d'essayer directement de présenter à l'enfant „l'étude comme un divertissement, il faut procéder en sens inverse. Observez le jeu qui lui plaît le plus, et ordonnez-lui de s'y appliquer un certain nombre d'heures par jour, non pour le punir d'aimer ce jeu, mais en lui laissant croire que c'est là le devoir que vous lui imposez. Par là, si je ne me trompe, l'enfant au bout de quelques jours sera si fatigué de son jeu favori, qu'il préférera ses livres à n'importe quoi, surtout s'il peut en s'y appliquant, se racheter d'une partie de la tâche que vous lui avez imposée, et si vous lui permettez de consacrer à la lecture ou à quelque autre exercice réellement utile une partie du temps que vous lui aviez ordonné d'employer au jeu."[17])

---

[15]) L. § 74.
[16]) L. § 74.
[17]) L. § 128.

6. Amener l'élève à prendre une part active à l'enseignement.

Locke recommande qu'on amène l'enfant à prendre une part active à l'enseignement, et pour cela il veut que le précepteur soit familier avec son élève:

„Si un père, dans ses entretiens avec son fils, doit user de familiarité, à plus forte raison convient-il qu'un précepteur ait la même condescendance pour son élève. Le temps qu'il pourra passer avec lui, qu'il se garde de l'employer à lui faire la leçon ou à lui dicter d'un ton doctoral ce qu'il doit pratiquer et suivre. Il faut que le précepteur l'écoute à son tour, qu'il l'habitue à raisonner sur des sujets proposés, et qu'ainsi il rende plus facile l'intélligence des règles, plus profonde leur impression; enfin qu'il lui inspire le goût de l'étude et du savoir. L'enfant commencera à sentir le prix de la science, lorsqu'il verra qu'elle lui donne le moyen de causer, lorsqu'il éprouvera le plaisir et l'honneur de prendre part à la conversation, de voir parfois ses raisons approuvées et écoutées. C'est surtout sur des questions de moralité, de prudence, de convenance, que l'on peut le mettre à l'épreuve et demander son jugement. Ces exercices ouvrent l'intelligence plus sûrement que des maximes, quelque clairement qu'on les expose, et gravent plus solidement les règles dans la mémoire pour l'usage de la vie pratique."[18]

Rousseau est du même avis quand il dit: „Mettez les questions à sa portée, et laissez-les lui résoudre. Qu'il ne sache rien parce que vous le lui avez dit, mais parce qu'il l'a compris lui-même; qu'il n'apprenne pas la science, qu'il l'invente."[19]

Et, s'adressant au précepteur: „Songez bien que c'est rarement à vous de lui proposer ce qu'il doit apprendre: c'est à lui de le désirer, de le chercher, de le trouver; à

---

[18] L. § 98.
[19] R. III. p. 179.

vous mettre à sa portée, de faire naître adroitement ce désir et de lui fournir les moyens de le satisfaire." [20])

On remarque que les deux auteurs veulent amener les enfants à s'occuper activement de leur instruction, ce qui est, à n'en pas douter, un principe excellent. Tous deux emploient avec prédilection, dans ce but, la méthode socratique consistant en un entretien libre entre le maître et l'élève, entretien où le dernier doit être habilement amené par le premier à poser des questions.

7. Docendo discimus.

Locke considère l'enseignement comme un moyen d'apprendre soi-même. Il dit à ce sujet: "D'ailleurs quand un enfant a appris quelque chose, il y a un excellent moyen d'en fixer le souvenir dans sa mémoire et de l'encourager à aller plus loin, c'est de l'engager à l'enseigner lui-même à d'autres enfants." [21])

Rousseau ne dit rien sur ce point et c'est je crois un tort. On retient beaucoup mieux ce qu'on a enseigné et cela engage aussi à aller plus loin. D'ailleurs les jésuites, qui sont comme on le sait des maîtres en pédagogie font usage de cette méthode dans une large mesure.

8. L'utilité.

Si Rousseau ne parle pas de vouloir faire enseigner par les enfants ce qu'ils ont appris, le mobile de l'utilité est son mérite personnel.

"Si l'on ne doit rien exiger des enfants par obéissance; il s'ensuit qu'il ne peuvent rien apprendre dont ils ne sentent l'avantage actuel et présent, soit d'agrément, soit d'utilité; autrement quel motif les porterait à l'apprendre?" [22]) Voilà

---

[20]) R. III. p. 195.
[21]) L. § 180.
[22]) R. II. p. 109.

pourquoi Rousseau recommande qu'on fasse comprendre l'utilité de l'instruction à l'enfant avant qu'il y soit initié.

En résumé, on peut dire que Rousseau emploie à peu près les mêmes mobiles que Locke, dans le domaine de l'instruction. Ses indications sont seulement des compléments précieux aux principes fondamentaux de Locke.

Chapitre V.

L'instruction propre à développer les facultés de l'esprit.

Locke déjà, désire que l'instruction soit apte à développer les facultés de l'esprit. Mais c'est surtout Rousseau qui est enthousiaste de ce principe.

Locke fait valoir avant tout que l'éducation est l'essentiel. D'après son opinion, les études que le précepteur propose à l'enfant, „ne doivent avoir d'autre but que d'exercer ses facultés, et d'occuper son temps, en le détournant de la paresse et de la flânerie, en lui apprenant à s'appliquer, à prendre de la peine, enfin en lui inspirant quelque goût pour les choses qu'il doit ensuite achever d'apprendre par son propre travail. Quel est le père en effet qui compterait que, sous la direction de son précepteur, un jeune gentleman pourra devenir un critique accompli, un orateur ou un poète, approfondir la métaphysique, la philosophie naturelle ou les mathématiques, être un maître dans l'histoire ou la chronologie? Il faut lui enseigner sans doute quelque chose de tout cela, mais seulement, si je puis dire, pour qu'il entr'ouvre la porte de la maison et jette un regard dans l'intérieur pour qu'il fasse simplement connaissance avec l'appartement, sans songer à s'y installer."¹)

Voyons maintenant ce que dit Rousseau. Chez lui aussi „la vraie éducation consiste moins en préceptes qu'en exercices."²)

Il dit en parlant de l'enfant: „Tandis que ses organes délicats et flexibles peuvent s'ajuster aux corps sur lesquels ils doivent agir, tandis que ses sens encore purs sont exempts d'illusions; ... c'est le temps d'apprendre à connaître les rapports sensibles que les choses ont avec nous."³)

„Pour exercer un art, il faut commencer par s'en procurer les instruments, et, pour pouvoir employer utilement ces instruments, il faut les faire assez solides pour résist à leur usage. Pour apprendre à penser, il faut donc exercer nos membres, nos sens, nos organes, qui sont les instruments de notre intelligence; et pour tirer tout le parti possible de ces instruments, il faut que le corps, qui les fournit, soit robuste et sain."⁴)

Rousseau parle ensuite longuement de l'éducation des sens: „N'exercez donc pas seulement les forces, exercez tous les sens qui les dirigent; tirez de chacun d'eux tout le parti possible, puis vérifiez l'impression de l'un par l'autre. Mesurez, comptez, pesez, comparez."⁵)

L'idéal de Rousseau est que son élève ait „un esprit universel, non par les lumières, mais par la faculté d'en acquérir; un esprit ouvert, intelligent, prêt à tout, et, comme dit Montaigne sinon instruit, du moins instruisable."⁶)

---

1) L. § 94.
2) R. I. p. 8.
3) R. II. p. 121.
4) R. II. p. 121.
5) R. II. p. 131.
6) R. III. p. 233.

On voit donc que c'est un trait caractéristique et le mérite principal de la pédagogie de Rousseau, que d'avoir recommandé une instruction propre à développer les facultés de l'esprit. Il veut avant tout éduquer et exercer le corps et les sens. Locke déjà aspire à former un élève qui ne sache pas tout, mais qui soit capable de tout apprendre. Il oublie cependant que nous apprenons par nos sens, et il néglige l'éducation de ces derniers; il n'en dit pas un mot. La supériorité de Rousseau sur ce point est donc évidente.

Chapitre VI.

La lecture.

A. La lecture en général.

Locke recommande d'enseigner à lire très tôt: „Lorsque l'enfant sait parler, c'est le moment de commencer à lui apprendre à lire."[1]

Rousseau, au contraire, s'oppose à cette conception. Il y fait les objections suivantes:

1. Les livres ne sont pas pour les enfants, qui ne voient pas l'utilité de la lecture. „A peine à douze ans Emile saurait-il ce que c'est qu'un livre...."[2] Il faut qu'il sache lire quand la lecture lui est utile; jusqu'alors elle n'est bonne qu'à l'ennuyer." — „De quoi lui servira la lecture quand on l'en aura rebuté pour jamais?"[3]

2. Avec les livres on remplace la raison primaire des sens par une raison secondaire. „Comme tout ce qui entre dans l'entendement humain y vient par les sens, la première

---

[1] L. § 148.
[2] R. II. p. 109.
[3] R. II. p. 111.

raison de l'homme est une raison sensitive; c'est elle qui sert de base à la raison intellectuelle: nos premiers maîtres de philosophie sont nos pieds, nos mains, nos yeux. Substituer des livres à tout cela, ce n'est pas nous apprendre à raisonner, c'est nous apprendre à nous servir de la raison d'autrui; c'est nous apprendre à beaucoup croire et à ne jamais rien savoir." Les livres „n'apprennent qu'à parler de ce qu'on ne sait pas."⁴)

3. Avec les livres on remplace la source primaire de la raison, le monde, par une source secondaire, les mots. „Point d'autre livre que le monde, point d'autre instruction que les faits. L'enfant qui lit ne pense pas, il ne fait que lire, il apprend des mots."⁵)

On peut dire que les objections de Rousseau ont vraiment leur raison d'être. Cependant elles ne sont pas assez fortes pour interdire toute lecture aux enfants. Elles sont justes si elles combattent l'abus des livres, cette exagération de la lecture qui emploie comme seules sources de la raison les livres au lieu du monde et de la propre expérience. Si on veut profiter de la lecture seulement pour appuyer ce qu'on a appris par les sources primaires, les arguments de Rousseau sont vains. D'ailleurs il faut considérer ici de nouveau que Rousseau n'élève pas un homme de la société, mais un homme isolé; voilà pourquoi Emile n'a pas besoin de savoir lire si tôt. Donc, le contraste entre Locke et Rousseau s'explique par les différents buts que visent les deux auteurs dans l'éducation. Si Rousseau dit:

„A peine à douze ans Emile saurait-il ce que c'est qu'un livre," on ne doit pas le prendre à la lettre, ce que prouve le passage suivant: „Je suis presque sûr qu'Emile saura parfaitement lire et écrire avant l'âge de dix ans,

---

⁴) R. II. p. 121.
⁵) R. III. p. 179.

précisément parce qu'il m'importe fort peu qu'il le sache avant quinze."⁶)

B. La méthode.

Locke n'admet pas que la lecture devienne une tâche pour l'enfant. Elle devrait être plutôt un jeu pour nos petits: „J'ai toujours pensé que l'étude pouvait devenir un jeu, une récréation pour les enfants, et qu'il y avait moyen de leur inspirer le désir d'apprendre, si on leur présentait l'instruction comme une chose honorable, agréable, récréative, ou comme une récompense qu'ils méritent pour avoir fait autre chose, si enfin on avait soin de ne jamais les gronder ou les corriger pour s'être négligés sur ce point."⁷) Et plus loin il dit de nouveau: „Mais ne leur faites pas de la lecture un devoir forcé. Il vaut mieux leur laisser mettre un an de plus pour apprendre à lire que de s'exposer, en les pressant trop, à les dégoûter pour jamais de l'étude."⁸)

„Il ne faut rien imposer aux enfants qui ressemble à un travail ou à une chose sérieuse: ni leur esprit, ni leur corps, ne sauraient s'en accommoder. Leur santé s'en trouve mal, et d'autre part, c'est parce qu'on les a forcés, parce qu'on les a assujettis à la lecture, à un âge ennemi de toute gêne, que la plupart d'entre eux, je n'en doute pas, conçoivent pour les livres et pour l'étude une haine qui dure toute leur vie."⁹)

Rousseau est aussi du même avis sur ce point. D'après lui, le moyen le plus sûr pour apprendre „est le désir d'apprendre."¹⁰) „De quoi lui servira la lecture quand on l'en aura rebuté pour jamais?"¹¹) Les deux auteurs diffèrent

---

⁶) R. II. p. 109/110.
⁷) L. § 148.
⁸) L. § 155.
⁹) L. § 149.
¹⁰) R. II. p. 110.
¹¹) R. II. p. 111.

pourtant dans les moyens qu'ils veulent employer pour éveiller ce désir.

1. Locke se sert de jouets, afin de faire apprendre à lire en jouant:

„On peut employer des dés ou autres jouets, sur lesquels seront gravées les lettres, pour apprendre l'alphabet aux enfants tout en jouant; et trente autres méthodes peuvent être imaginées, qui, appropriées au caractère particulier des enfants, font de cette étude un jeu pour eux." [12]

„C'est ainsi qu'on peut, sans qu'ils s'en doutent, faire connaître les lettres aux enfants, leur apprendre à lire sans qu'ils y voient autre chose qu'un jeu, et les divertir par une étude pour laquelle les autres enfants de leur âge sont fouettés." [13]

Rousseau dirige ses attaques directement contre ce passage de Locke en disant: „On se fait une grande affaire de chercher les meilleures méthodes d'apprendre à lire, on invente des bureaux, des cartes; on fait de la chambre d'un enfant un atelier d'imprimerie. Locke veut qu'il apprenne à lire avec des dés. Ne voilà-t-il pas une invention bien trouvée? Quelle pitié! Un moyen plus sûr que tout cela, et celui qu'on oublie toujours, est le désir d'apprendre. Donnez à l'enfant ce désir, puis laissez là vos bureaux et vos dés, toute méthode lui sera bonne." [14]

„L'intérêt présent, voilà le grand mobile, le seul qui mène sûrement et loin." Pourvu qu'on sache éveiller cet intérêt et „je ne crois pas qu'Emile ait besoin du bureau." [15]

Il faut dire que l'opposition que fait Rousseau aux bureaux et aux dés est bien justifiée. Ces jouets au moyen

---

[12] L. § 148.
[13] L. § 149.
[14] R. II. p. 110.
[15] R. II. p. 110.

desquels le philosophe anglais prétend faire apprendre à lire sans que les enfants „y voient autre chose qu'un jeu,"[16]) ne constituent pas la vraie méthode. La proposition de Rousseau, qui consiste à éveiller „l'intérêt présent" marque un progrès incontestable vis-à-vis de Locke, car elle est plus naturelle et plus efficace. Les jouets sont faits pour jouer. Il ne faut pas en abuser afin d'enseigner la lecture aux enfants d'une manière trop artificielle.

2. Quand l'élève de Locke aura appris les lettres, il sera temps de lui mettre entre les mains un livre agréable, connu et facile, comme par exemple un recueil de fables.

„Lorsque, grâce à ces méthodes attrayantes, l'enfant commence à savoir lire, mettez-lui dans les mains quelque ouvrage agréable, proportionné à son intelligence, dont l'agrément puisse attirer le petit lecteur et le récompenser de sa peine, mais qui cependant ne lui farcisse pas la tête de fictions absolument vaines, et surtout ne lui insinue pas dans l'esprit des germes de vice et de folie. A cet effet, je pense que le meilleur livre sera le recueil des Fables d'Esope."[17])

Parmi les autres textes, Locke considère comme nécessaire „le Pater Noster, le Credo et les dix commandements", que l'enfant ne doit pas seulement lire, mais apprendre par coeur.[18])

Rousseau s'oppose avec énergie aux opinions de Locke. „Emile n'apprendra jamais rien par coeur, pas même des fables, pas même celles de La Fontaine, toutes naïves, toutes charmantes qu'elles sont." En voici les raisons[19]):

a) „Un enfant n'entend point les fables qu'on lui fait apprendre."[20]) — Les fables peuvent instruire les hommes;

---

[16]) L. § 149.
[17]) L. § 156.
[18]) L. § 157.
[19]) R. II. p. 104.
[20]) R. II. p. 104.

mais il faut dire la vérité aux enfants: sitôt qu'on la couvre d'un voile, ils ne se donnent plus la peine de le lever. Les fables sont incompréhensibles pour l'enfant „parce que, quelque effort qu'on fasse pour les rendre simples, l'instruction qu'on en veut tirer force d'y faire entrer des idées qu'il ne peut saisir, et que le tour même de la poésie, en les lui rendant plus faciles à retenir, les lui rend plus difficiles à concevoir, en sorte qu'on achète l'agrément aux dépens de la clarté."[21]

b) Lors même que les enfants comprendraient les fables „ce serait encore pis; car la morale en est tellement mêlée et si disproportionnée à leur âge, qu'elle les porterait plus au vice qu'à la vertu."[22]

c) En outre, il y a une „multitude de fables qui n'ont rien d'intelligible ni d'utile pour les enfants, et qu'on leur fait indiscrètement apprendre avec les autres, parce qu'elles s'y trouvent mêlées."[23]

Rousseau finit son raisonnement sur les fables par ce qui suit:

„Composons, monsieur de la Fontaine. Je promets, quant à moi, de vous lire, avec choix, de vous aimer, de m'instruire dans vos fables; car j'espère ne pas me tromper sur leur objet; mais, pour mon élève, permettez que je ne lui en laisse pas étudier une seule jusqu'à ce que vous m'ayez prouvé qu'il est bon pour lui d'apprendre des choses dont il ne comprendra pas le quart; que, dans celles qu'il pourra comprendre, il ne prendra jamais le change, et qu'au lieu de se corriger sur la dupe, il ne se formera pas sur le fripon."[24]

---

[21] R. II. p. 104.
[22] R. II. p. 104.
[23] R. II. p. 104.
[24] R. II. p. 109.

La polémique de Rousseau est un peu fanatique sur ce point. Eliminons ce qui est exagéré, et ce qu'il y a de juste dans ses principes pourra se définir comme suit:

Les fables sont, pour les enfants, plus difficiles qu'on ne le pense. C'est pourquoi on doit prendre grand soin au choix et au moyen de présenter cet objet d'enseignement, si du moins on en fait usage pour initier l'élève à la lecture. En tout cas, il vaudrait mieux les présenter à un âge où l'enfant soit à même de les comprendre.

Au lieu de fables, Rousseau recommande „Robinson Crusoé", livre resté jusqu'ici un objet de lecture de prédilection pour les enfants: „Puisqu'il nous faut absolument des livres, il en existe un qui fournit, à mon gré, le plus heureux traité d'éducation naturelle. Ce livre sera le premier que lira mon Emile..... C'est Robinson Crusoé."[25]

3. Locke recommande les images comme troisième moyen d'éveiller chez les enfants le plaisir de la lecture: „Si son exemplaire d'Esope contient des illustrations, cela l'amusera encore plus, et l'encouragera à lire, à condition pourtant que ces images soient de nature à accroître ses connaissances. . . . Dès que l'enfant commence à épeler, il convient donc de lui montrer autant de figures d'animaux qu'on peut en trouver, avec leurs noms inscrits au-dessous de l'image, ce qui à la fois l'excite à lire et lui donne l'occasion de questionner et de s'instruire."[26] Rousseau ne parle pas de ce point; il préférerait probablement, et avec raison, les animaux réels aux images.

---

[25] R. III. p. 202.
[26] L. § 156.

Chapitre VII.

Enseignement de l'écriture.

A. Débuts de cet enseignement.

Locke dit que, „lorsque l'enfant sait bien lire l'anglais, il est temps qu'il apprenne à écrire."[1]

Quant à Rousseau, il ne nous dit pas s'il veut enseigner la lecture et l'écriture simultanément ou successivement. Probablement adopte-t-il la manière de Locke. Ce que nous savons, c'est „qu'Emile saura parfaitement lire et écrire avant l'âge de dix ans, précisément parce qu'il m'importe fort peu qu'il le sache avant quinze."[2]

B. La méthode.

Locke nous donne beaucoup de détails quant à la méthode à adopter pour apprendre à bien écrire. Je ne veux pas les répéter ici, mais seulement me borner à citer l'observation suivante que Rousseau fait au sujet de cet enseignement: „Parlerai-je à présent (après la lecture) de l'écriture? Non, j'ai honte de m'amuser à ces niaiseries dans un traité de l'éducation."[3]

Chapitre VIII.

L'enseignement des langues.

A. Point de vue général.

D'après Locke, c'est par l'étude des langues que l'instruction doit commencer, et par elles qu'on devrait parvenir à connaître les sciences exactes.

---

[1] L. § 160.
[2] R. II. p. 110.
[3] R. II. p. 110.

„Tout le monde, je pense, reconnaîtra ... que l'étude des langues est celle qui convient le mieux à nos premières années."[4])

Ce pédagogue dit encore qu'il faut commencer par l'étude de la langue la plus importante, c'est-à-dire par la langue maternelle. Vient ensuite le français, puis le latin. Le grec, selon lui, n'a de valeur que pour les érudits.

Pour appuyer ses opinions, Locke cite un passage de La Bruyère, qui traite de l'importance de la connaissance des langues. La Bruyère dit dans ses „Caractèrs", chap. XIV: „L'on ne peut guère charger l'enfance de la connaissance de trop de langues.... Elles sont utiles à toutes les conditions des hommes, et elles leur ouvrent également l'entrée ou à une profonde ou à une facile et agréable érudition."[5])

Locke cite ensuite les raisons qui ont porté La Bruyère à commencer les études par l'enseignement des langues. Les voici:

1. „Si l'on remet cette étude si pénible à un âge un peu plus avancé, et qu'on appelle la jeunesse, ou l'on n'a pas la force de l'embrasser par choix, ou l'on n'a pas celle d'y persévérer."[6])

2. „Et si l'on y persévère, c'est consumer à la recherche des langues le même temps qui est consacré à l'usage que l'on en doit faire, c'est borner à la science des mots un âge qui veut déjà aller plus loin et qui demande des choses, c'est au moins avoir perdu les premières et les plus belles années de sa vie."

3. „Un si grand fonds ne se peut bien faire que lorsque tout s'imprime dans l'âme naturellement et profondément, que la mémoire est neuve, prompte et fidèle, que l'esprit et le coeur sont encore vides de passions, de soins

---
[4]) L. § 195.
[5]) L. § 195.
[6]) L. § 195.

et de désirs, et que l'on est déterminé à de longs travaux par ceux de qui l'on dépend."⁷)

Donc, selon La Bruyère et Locke, l'instruction doit commencer par l'étude des langues, contrairement à Rousseau, qui veut débuter par les sciences exactes. Entre l'âge de 12 et 15 ans, Emile lit seulement Robinson Crusoé. Le plan d'études à cet âge, ne contient encore pour cet élève, ni langues, ni littérature, ni histoire, ni religion, ni morale, mais l'histoire naturelle, la connaissance du globe, du ciel et des mathématiques. Rousseau se moque des pédagogues de son temps en disant: „Des mots, encore des mots et toujours des mots. Parmi les diverses sciences qu'ils se vantent de leur enseigner, ils se gardent bien de choisir celles qui leur seraient véritablement utiles, parce que ce seraient des sciences de choses, et qu'ils n'y réussiraient pas; mais celles qu'on paraît savoir quand on en sait les termes, le blason, la géographie, la chronologie, les langues, etc.; toutes études si loin de l'homme, et surtout de l'enfant, que c'est une merveille si rien de tout cela lui peut être utile une seule fois en sa vie."⁸) Voilà la première raison pour laquelle Rousseau s'oppose à l'enseignement des langues aux enfants: ils n'enseignent pas les langues pour l'utilité, mais pour l'apparence.

La deuxième raison qui engage Rousseau à commencer les études par les sciences exactes est que l'enfant n'est pas du tout capable d'apprendre deux langues avant l'âge de 12 ou de 15 ans: „Quoi qu'on puisse dire, je ne crois pas que, jusqu'à l'âge de douze ou quinze ans, nul enfant, les prodiges à part, ait jamais vraiment appris deux langues."⁹)

„Je conviens que si l'étude des langues n'était que celle des mots, c'est-à-dire des figures ou des sons qui

---

⁷) L. § 195.
⁸) R. II. p. 98.
⁹) R. II. p. 99.

les expriment, cette étude pourrait convenir aux enfants: mais les langues, en changeant les signes, modifient aussi les idées qu'ils représentent. Les têtes se forment sur les langages, les pensées prennent la teinte des idiomes. La raison seule est commune, l'esprit en chaque langue a sa forme particulière, différence qui pourrait bien être en partie la cause ou l'effet des caractères nationaux...."[10]

„De ces formes diverses l'usage en donne une à l'enfant, et c'est la seule qu'il garde jusqu'à l'âge de raison. Pour en avoir deux, il faudrait qu'il sût comparer des idées; et comment les comparerait-il, quand il est à peine en état de les concevoir? Chaque chose peut avoir pour lui mille signes différents; mais chaque idée ne peut avoir qu'une forme: il ne peut donc apprendre à parler qu'une langue. Il en apprend cependant plusieurs, me dit-on: je le nie. J'ai vu de ces petits prodiges qui croyaient parler cinq ou six langues. Je les ai entendus successivement parler allemand, en termes latins, en termes français, en termes italiens; ils se servaient à la vérité de cinq ou six dictionnaires, mais ils ne parlaient toujours qu'allemand. En un mot, donnez aux enfants tant de synonymes qu'il vous plaira: vous changerez les mots, non la langue; ils n'en sauront jamais qu'une."[11]

Par des mots, par des signes on ne peut pas faire comprendre les choses, et voilà la troisième raison pour laquelle Rousseau combat l'enseignement des langues aux enfants: „En quelque étude que ce puisse être, sans l'idée des choses représentées, les signes représentants ne sont rien. On borne pourtant toujours l'enfant à ces signes, sans jamais pouvoir lui faire comprendre aucune des choses qu'ils représentent."[12]

---

[10] R. II. p. 99.
[11] R. II. p. 99.
[12] R. II. p. 100.

Locke nous donne un deuxième principe général de l'étude des langues quand il dit: „Il faut avouer en effet que c'est peine inutile et temps perdu que d'apprendre une langue dont on ne fera probablement aucun usage dans la vie; une langue que l'enfant, à en juger par son tempérament, s'empressera de négliger et d'oublier, dès qu'il approchera de la maturité, dès que, débarassé de son gouverneur, il pourra s'abandonner à ses propres instincts. Et comment supposer que ses instincts le portent à employer une partie de son temps à l'étude des langues savantes, ou à se préoccuper d'une langue autre que celle dont la connaissance lui sera imposée par un usage journalier ou par quelque nécessité du métier?"[13]

Ce principe utilitaire est aussi admis par Rousseau, qui en parle à plusieurs reprises: „Parmi les diverses sciences qu'ils (les précepteurs) se vantent de leur enseigner, ils se gardent bien de choisir celles qui leur seraient véritablement utiles, parce que ce seraient des sciences de choses" ... mais on cultive les branches qui sont „loin de l'homme, et surtout de l'enfant, que c'est une merveille si rien de tout cela lui peut être utile une seule fois en sa vie."[14]

Il faut reprocher à Locke et à Rousseau de n'avoir pas reconnu que l'étude des langues peut contribuer au développement des facultés de l'esprit. Le premier nous donne clairement ses opinions sur ce point en disant: „Il y a des hommes qui étudient les langues pour le commerce ordinaire de la société, pour la communication de leurs pensées dans la vie commune, sans avoir le dessein de les faire servir à d'autres usages. A ce point de vue, la méthode naturelle, qui consiste à apprendre une langue par l'usage, non seulement suffit, mais doit être préférée

---

[13] L. § 195.
[14] R. II. p. 98.

à toute autre, parce qu'elle est la plus courte et la plus simple. On peut donc répondre que, pour ceux qui ne font d'une langue que cet emploi-là, l'étude de la grammaire n'est pas nécessaire."[15])

Si Rousseau „compte l'étude des langues au nombre des inutilités de l'éducation," il n'avait pas l'intention de leur reconnaître comme but le développement des facultés de l'esprit.[16])

Mais la supériorité du philosophe français consiste dans son principe de commencer les études par les sciences exactes, tandis que Locke veut commencer par les langues. Les temps modernes ont donné raison au premier, tandis que le moyen âge a suivi les prescriptions du second. Locke et Rousseau conviennent d'ailleurs que la langue maternelle est la plus importante de toutes les langues; parlons donc d'abord de celle-là.

B. La langue maternelle.

Locke, en opposition avec la coutume jusqu'alors en vogue d'étudier seulement le latin et le grec, Locke, dis-je, donne la préférence à la langue maternelle: „Puisque c'est de l'anglais qu'un anglais fera constamment usage, c'est cette langue qu'il doit principalement cultiver... Parler ou écrire le latin mieux que sa langue maternelle, cela peut rendre un homme célèbre; mais il lui sera bien plus avantageux d'apprendre à bien s'exprimer dans sa propre langue, dont il fait usage à chaque instant, que de rechercher de vains applaudissements pour une qualité tout à fait inutile. — Et cependant je vois qu'on néglige partout cette partie de l'instruction. On ne prend aucun soin de perfectionner les jeunes gens dans la connaissance de leur

---

[15]) L. § 168.
[16]) R. II. p. 198.

langue, de leur en donner la parfaite intelligence, de faire enfin qu'ils en soient maîtres."[17])

„Je ne veux pas ici décrier le grec et le latin; je crois nécessaire l'étude de ces deux langues, de la langue latine au moins: il faut qu'un gentleman l'entende bien. Mais quelles que soient les langues étrangères dont un jeune homme s'occupe (et plus tôt il les saura, mieux cela vaudra), il n'en est pas moins vrai que c'est sa propre langue qu'il doit étudier avec le plus de critique; c'est dans sa propre langue qu'il doit travailler à acquérir la facilité, la clarté et l'élégance de l'expression, et pour cela il faut un exercice de tous les jours."[18])

Rousseau estime que l'enfant ne peut apprendre qu'une langue. Il complète les opinions de Locke en parlant du langage des enfants et en donnant des indications sur la manière de leur enseigner à parler: „Toutes nos langues sont des ouvrages de l'art. On a longtemps cherché s'il y avait une langue naturelle et commune à tous les hommes; sans doute, il y en a une; et c'est celle que les enfants parlent avant de savoir parler. Cette langue n'est pas articulée, mais elle est accentuée, sonore, intelligible. L'usage des nôtres nous l'a fait négliger au point de l'oublier tout à fait. Etudions les enfants, et bientôt nous la rapprendrons auprès d'eux."[19])

Après avoir ainsi parlé du langage des enfants, Rousseau fait une observation psychologique:

„Les premiers développements de l'enfance se font presque tous à la fois. L'enfant apprend à parler, à manger, à marcher à peu près dans le même temps. C'est ici proprement la première époque de sa vie. Auparavant il n'est rien de plus que ce qu'il était dans le sein de sa mère;

---

[17]) L. § 189.
[18]) L. § 189.
[19]) R. I. p. 40.

il n'a nul sentiment, nulle idée; à peine a-t-il des sensations; mais il ne sent pas même sa propre existence."[20])

Ensuite, Rousseau émet des règles méthodiques pour l'enseignement du langage aux enfants. Les opinions à ce sujet sont très intéressantes et aussi assez justes. Comme il n'a pas été influencé par Locke, je peux renoncer à en parler.

C. Les langues étrangères.

Rousseau, qui „compte l'étude des langues au nombre des inutilités de l'éducation",[21]) ne parle pas avec beaucoup de logique de l'enseignement des langues étrangères. Il essaye seulement de prouver que l'enfant ne peut en apprendre qu'une. Locke veut enseigner le français avant tout autre langue: „Quand l'enfant sait parler sa langue maternelle, il est temps de lui apprendre quelque autre langue. Chez nous, personne n'en doute, c'est le français qu'il faut choisir."[22]) La méthode d'enseignement de cette langue „consiste à la parler avec les enfants, toutes les fois qu'on s'entretient avec eux, sans faire intervenir les règles grammaticales."[23])

Cette méthode de Locke est juste; on devrait étudier une langue étrangère en la parlant. — Donc, l'auteur anglais veut enseigner les langues étrangères, tandis que Rousseau les considère comme inutiles. Ce contraste apparent s'explique comme la plupart des divergences de ces deux pédagogues: Locke se propose d'élever un gentleman, un homme de la société; Rousseau, au contraire, élève l'homme de la nature, le jeune ermite. Ils jugent tous deux à des points de vue différents, et chacun a raison à sa manière.

---

[20]) R. I. p. 52.
[21]) R. II. p. 98.
[22]) L. § 162.
[23]) L. § 162.

D. Les langues classiques.

Le latin est considéré par Locke „comme absolument nécessaire à l'éducation d'un gentleman"; mais il trouve qu'on ne doit pas exagérer l'importance de cette branche.[24]

1. „Peut-il y avoir rien de plus ridicule que de voir un père dépenser son argent et le temps de son fils, pour lui faire apprendre la langue des Romains, alors qu'il le destine au commerce?"[25] Locke pourtant ne méprise pas les langues classiques; il reconnaît „que ce sont là des langues excellentes et d'une grande utilité"[26] et personne ne „peut être compté parmi les hommes instruits, si elles lui sont étrangères."[27] Mais „les connaissances qu'un gentleman doit recueillir pour son usage chez les écrivains grecs et latins," peuvent être obtenues „sans étudier la grammaire de ces langues", par la lecture seule des auteurs.[28]

2. Il rejette la méthode alors en usage, et qui consistait à apprendre le latin par la grammaire au lieu de l'apprendre par la conversation. Mais ce principe exprimé par Locke est vieux; il remonte à Montaigne, à Luther, et même aux humanistes.

„N'embarrassez l'enfant d'aucune espèce de grammaire mais simplement, comme on l'a fait pour l'anglais, le faire parler en latin, sans l'accabler de règles."[29] Voilà la méthode que Locke se représente comme étant la plus facile, et il fait observer que les filles apprennent le français rien que par la conversation. Pourquoi alors n'enseignerait-

---

[24] L. § 164.
[25] L. § 164.
[26] L. § 168.
[27] L. § 168.
[28] L. § 168.
[29] L. § 165.

on pas aux fils le latin par la même méthode? Il s'agit seulement de trouver „un homme qui, parlant bien le latin, reste toujours auprès de votre fils et s'entretienne constamment avec lui dans cette langue."³⁰)

Si on ne peut pas trouver un tel précepteur „le mieux sera de suivre la méthode qui s'en rapproche le plus: c'est-à-dire, de prendre un livre facile et agréable ... et d'écrire sur deux lignes, l'une au-dessus de l'autre, d'une part la traduction anglaise ... de l'autre le mot latin qui correspond à chacun des mots anglais."³¹) On pourra permettre à l'enfant „de s'aider de la traduction anglaise." On objectera que, „de la sorte il ne saura le latin que par routine," mais les langues „ne peuvent être apprises que par routine."³²)

Locke sait encore une autre méthode. Une mère pourrait enseigner elle-même le latin à son enfant „si elle lui faisait lire les Evangiles en latin." Une personne connaissant cette langue devrait alors seulement marquer d'un signe la pénultième syllabe, lorsqu'elle est longue. Puis on lira aussi les Evangiles en anglais et on essayera de les comprendre en latin.³³)

Mais pour ne pas faire tort à Locke nous devons aussi citer ses indications spéciales sur la grammaire des langues classiques. Il dit: „La grammaire a aussi son rôle." S'il suffit „d'avoir appris une langue par routine, pour satisfaire aux exigences du commerce ordinaire de la vie et des affaires communes," il n'est pas de même pour les „personnes qui ont pour principale affaire dans ce monde de se servir de leur langue et de leur plume. Pour

---

³⁰) L. § 166.
³¹) L. § 167.
³²) L. § 168.
³³) L. § 177.

celles-là il est convenable, sinon nécessaire, qu'elles sachent parler purement et correctement........ Pour cela la grammaire est nécessaire, mais c'est seulement, je le répète, la grammaire de notre propre langue, et elle ne l'est que pour ceux qui doivent prendre la peine de cultiver leur langage et de perfectionner leur style."[34])

A quelle étape de l'éducation Locke veut-il qu'on enseigne la grammaire? Il nous le dit par ce qui suit: „Si la grammaire d'une langue doit être enseignée, c'est à ceux qui savent déjà parler cette langue. ... Mais pour déterminer avec plus de précision l'époque qui convient à l'étude de la grammaire, je dirai qu'il n'est pas raisonnable d'en faire autre chose qu'une introduction à l'étude de la rhétorique. ... La grammaire en effet apprend, non à parler, mais à parler correctement et selon les règles exactes de la langue. ... En d'autres termes, partout où la rhétorique n'est pas nécessaire, la grammaire peut être laissée de côté."[35])

Voici donc en deux mots ce que Locke pense de l'étude de la grammaire:

1. La grammaire des langues classiques n'est pas nécessaire à un gentleman ordinaire. Mais elle convient à ceux qui veulent étudier scientifiquement une langue, donc aux intellectuels.

2. La grammaire de la langue maternelle, au contraire, doit être étudiée par ceux qui devront surtout „se servir de leur langue et de leur plume" et par ceux qui prennent „la peine de cultiver leur langage et de perfectionner leur style."[36]) Ce sont donc tous les gentilshommes.

Des nombreuses indications concernant la méthode, une seule nous intéresse; c'est celle qui prescrit de n'apprendre

---

[34]) L. § 168.
[35]) L. § 168.
[36]) L. § 168.

rien par coeur. Rousseau a donné son opinion seulement sur celle-là.

Locke ne veut pas qu'on fasse „apprendre par coeur de grands morceaux," mais il fait la concession suivante: „Lorsqu'on rencontre chez un auteur un passage dont les pensées méritent qu'on se le rappellent, et dont l'expression est exacte et parfaite ... ce ne sera pas un mal de le loger dans le souvenir des écoliers, et d'exercer de temps en temps leur mémoire avec ces fragments admirables des grands maîtres dans l'art d'écrire."[37]

L'auteur anglais conteste ensuite à tort qu'on puisse développer la mémoire par l'exercice:

„Il est évident en effet que la force de la mémoire est due à une constitution heureuse, et non à des progrès obtenus par l'habitude et l'exercice."[38] Locke avoue que, d'après lui, la mémoire est nécessaire, mais il craint fort „que l'exercice en général, que l'effort, ne soient de peu de secours pour développer cette faculté de l'esprit; en tout cas ce ne sont pas les exercices qu'on pratique à cette intention dans les collèges."[39]

Dans un certain sens, Locke admet la possibilité d'un développement de la mémoire, quand il dit: „Sans doute une impression durera plus longtemps que tout autre, si elle est fréquemment renouvelée, mais chaque nouvel acte de réflexion qui se porte sur cette impression est lui-même une nouvelle impression, et c'est le nombre de ces impressions qu'il faut considérer, si l'on veut savoir combien de temps l'esprit pourra la retenir."[40]

Locke ne prétend cependant pas qu'on ne doit pas exercer du tout la mémoire des enfants. Il veut qu'on

---

[37] L. § 175.
[38] L. § 176.
[39] L. § 176.
[40] L. § 176.

apprenne par coeur, parmi les passages des auteurs, ceux qui méritent d'être retenus et qui sont brefs et concis: „Ces solides et excellentes pensées, une fois qu'elles ont été confiées à la garde de leur mémoire, il ne faut plus souffrir qu'ils les oublient; il faut au contraire les engager souvent à les répéter. Par là, outre le profit qu'ils peuvent tirer de ces maximes dans la suite de leur vie, comme d'autant de règles et d'observations exactes, ils s'habitueront à réfléchir souvent, et à méditer d'eux-mêmes tout ce qu'ils peuvent se rapeler. C'est là le seul moyen de rendre la mémoire prompte et d'en tirer parti... Je crois par conséquent qu'il sera bon de leur donner tous les jours quelque chose à apprendre, mais quelque chose qui vaille en effet d'être appris."[41])

Comme Locke, Rousseau recommande de ne pas faire apprendre par coeur. Mais le français facile n'entre pas dans le raisonnement psychologique du philosophe anglais. Cependant il ajoute deux arguments pratiques aux opinions de son précurseur:

1. Les enfants, en étudiant par coeur, „s'habituent à barbouiller, à prononcer négligemment et mal; en récitant, c'est pis encore; ils recherchent leurs mots avec efforts, ils traînent et allongent leurs syllabes; il n'est pas possible que, quand la mémoire vacille, la langue ne balbutie aussi. Ainsi se contractent ou se conservent les vices de la prononciation."[42])

2. L'enfant, en général, ne comprend pas ce qu'il apprend par coeur. Il ne saisira „pas même les fables, pas même celles de La Fontaine, toutes naïves, toutes charmantes qu'elles sont."[43]) Cela ne sert à rien d'apprendre des fables; c'est ennuyer les enfants, c'est peine inutile.

---

[41]) L. § 176.
[42]) R. I. p. 50.
[43]) R. II. p. 104.

En ce qui concerne le grec, Locke fait une courte observation. Il est d'avis „qu'un homme ne peut pas passer pour savant s'il ignore la langue grecque," mais ce pédagogue ne s'occupe pas de l'éducation d'un savant; ils ne s'occupe „que de l'éducation d'un gentleman, auquel tout le monde convient que le latin et le français sont nécessaires, vu l'état présent des choses. Si notre gentleman, une fois devenu homme, a la fantaisie de pousser plus loin ses études, et de pénétrer dans le monde grec, il lui sera facile d'apprendre cette langue de lui-même. Si, au contraire, il n'a pas de goût pour cette étude, tout ce que lui en aura appris son maître sera peine perdue."[44]

Que dit Rousseau au sujet des langues classiques? Pour les motifs cités dans le chapitre des langues en général, il les compte, comme toutes les langues étrangères, „au nombre des inutilités de l'éducation."[45] La critique modérée et fondée de Locke sur l'étude des langues à son époque, devient chez lui une condamnation absolue. Mais pour comprendre Rousseau il faut se souvenir de nouveau de l'observation faite au sujet de l'étude des langues étrangères. Locke fait l'éducation d'un gentleman, tandis que Rousseau élève l'homme de la nature, l'ermite.

Si Locke élève l'homme de la société, il a sans doute raison de lui enseigner le latin, et il faut le louer de faire étudier cette langue par la routine et non par la grammaire.

Cette dernière est bonne si elle est étudiée pour la langue maternelle ou quand on sait déjà une langue. Il n'y a pas de doute, on perd trop de temps à l'étude de la grammaire des langues classiques. Surtout, nous sommes de l'avis de Locke quand il ne considère pas comme nécessaire la connaissance du grec pour un gentleman or-

---

[44] L. § 195.
[45] R. II. p. 120.

dinaire, et, même dans nos lycées, on commence à négliger l'étude de cette langue au profit d'une langue moderne.

Comme critique générale des opinions de Locke et de Rousseau, il faut dire que tous deux négligent la valeur instructive des langues. Ils ne font pas valoir que cette étude développe les facultés de l'esprit. L'un et l'autre visent seulement au côté pratique de cette branche. Voilà pourquoi ils excluent ou réduisent l'étude de la grammaire, voilà pourquoi ils ne veulent pas qu'on apprenne par coeur. Mais la faute de cette conception incomplète est due particulièrement à Locke; lui seul considère l'étude des langues comme nécessaire, donc il devrait en montrer les avantages sur toutes les faces. Pourtant il ne s'agit pas ici d'une faute morale, mais seulement d'une conception imparfaite. Rousseau, par contre, ne voit, dans l'étude des langues, aucune utilité pour l'éducation, parce que son but est, comme nous l'avons dit, tout différent de celui de Locke. En considération de cette circonstance, on n'osera pas en blâmer l'auteur français.

Chapitre IX.

Sciences physiques et naturelles.

Locke et Rousseau entendent, par ce titre, la physique, la chimie et l'astronomie. On ne savait encore rien de leur temps des sciences biologiques, c'est-à-dire la botanique, la zoologie et l'anthropologie.

Commençons par les observations générales de Locke.

Locke appelle sciences naturelles la philosophie naturelle. Celle-ci „étudie les principes, les propriétés, les opérations de choses, telles qu'elles sont en elles-mêmes. Je crois donc, qu'on peut la diviser en deux parties: l'une comprend les esprits, avec leur nature et leurs qualités; l'autre, les corps."¹)

De tous les systèmes de la philosophie naturelle, Locke n'en connaît aucun qu'il puisse recommander. Mais „dans un siècle de lumières comme le nôtre, il est nécessaire qu'un gentleman en ait quelque idée, ne serait-ce que pour le préparer aux conversations du monde."²) De son temps, il était de bon goût de savoir discourir sur les pompes à air et sur les expériences physiques.

Les passages où Locke parle de sciences naturelles nous montrent clairement l'état de cette branche de son temps; il s'agissait plutôt d'un système de philosophie naturelle que de faits et de leur combinaison causale qui constituent aujourd'hui cette science. On comprendra que Locke ne soit pas enthousiaste de ces choses; on doit les étudier „plutôt dans l'intention de connaître les hypothèses, de comprendre les termes et les façons de parler des différentes écoles, que dans l'espoir d'y trouver une connaissance satisfaisante, complète et scientifique des oeuvres de la nature."³)

Mais pourtant, Locke „ne voudrait détourner personne de l'étude de la nature. . . . Il y a dans cette étude beaucoup de choses dont la connaissance est convenable et même nécessaire pour un gentleman, et un grand nombre d'autres qui, par le plaisir ou le profit qu'elles procurent, récompensent largement de leurs peines les curieux qui les étudient."⁴)

On le voit, Locke a encore des notions très rudimentaires de l'enseignement de l'histoire naturelle. Pourtant, il a déjà des pressentiments fort justes sur le développement

---

¹) L. § 190.
²) L. § 193.
⁴) L. § 193.
³) L. § 193.

futur de cette science, témoin le passage suivant: „Mais je crois qu'on trouvera tout cela plutôt dans les écrits des savants qui ont fait des expériences méthodiques et des observations, que chez ceux qui ont construit des systèmes de pure spéculation."[5])

Rousseau fait un grand pas en avant. Il a toujours des conceptions toutes modernes qu'il étale in extenso en parlant des différentes branches de l'enseignement de l'histoire naturelle.

Examinons d'abord l'enseignement de la physique.

En mécanique, Rousseau recommande de faire beaucoup d'expériences qui, pourtant, n'exigent pas d'instruments ou d'appareils achetés et qui peuvent être exécutées facilement. „Toutes les lois de la statique et de l'hydrostatique se trouvent par des expériences tout aussi grossières. Je ne veux pas qu'on entre pour rien de tout cela dans un cabinet de physique expérimentale: tout cet appareil d'instruments et de machines me déplaît."[6])

„Je veux que nous fassions nous-mêmes nos machines; et je ne veux pas commencer par faire l'instrument avant l'expérience; mais je veux qu'après avoir entrevu l'expérience comme par hasard, nous inventions peu à peu l'instrument qui doit la vérifier. J'aime mieux que nos instruments ne soient point si parfaits et si justes, et que nous ayons des idées plus nettes de ce qu'ils doivent être et des opérations qui doivent en résulter."[7])

Voilà le premier point de la méthode de Rousseau sur l'enseignement de l'histoire naturelle. Pas d'instruments achetés, mais des appareils qu'on fait soi-même; pas d'expériences démontrées mais trouvées; ce système est excellent et constitue un mérite effectif de Rousseau. L'ex-

---

[5]) L. § 193.
[6]) R. III. p. 190.
[7]) R. III. p. 190.

posé des motifs en est aussi très fin, et on remarquera que ce pédagogue vise avant tout à développer les facultés de l'esprit en général par l'enseignement de l'histoire naturelle.

Le philosophe français motive comme suit ses opinions:

Premièrement: „Sans contredit, on prend des notions bien plus claires et bien plus sûres des choses qu'on apprend ainsi de soi-même, que de celles qu'on tient des enseignements d'autrui" (profit matériel).[8])

Deuxièmement, cette méthode a l'avantage „qu'on n'accoutume point sa raison à se soumettre servilement à l'autorité" (profit moral).[9])

Troisièmement: „L'on se rend plus ingénieux à trouver des rapports, à lier des idées, à inventer des instruments, que quand, adoptant tout cela tel qu'on nous le donne, nous laissons affaisser notre esprit dans la nonchalance, comme le corps d'un homme qui, toujours habillé, chaussé, servi par ses gens et traîné par ses chevaux, perd à la fin la force et l'usage de ses membres" (profit intellectuel).[10])

Quatrièmement: „L'avantage le plus sensible de ces lentes et laborieuses recherches est de maintenir, au milieu des études spéculatives, le corps dans son activité, les membres dans leur souplesse, et de former sans cesse les mains au travail et aux usages utiles à l'homme. Tant d'instruments inventés, pour nous guider dans nos experiences et suppléer à la justesse des sens, en font négliger l'exercice. ... Plus nos outils sont ingénieux, plus nos organes deviennent grossiers et maladroits: à force de rassembler des machines autour de nous, nous n'en trouvons plus en nous-mêmes. Mais, quand nous mettons à fabriquer ces

---

[8]) R. III. p. 191.
[9]) R. III. p. 191.
[10]) R. III. p. 191.

machines l'adresse qui nous en tenait lieu, quand nous employons à les faire la sagacité qu'il fallait pour nous en passer, nous gagnons sans rien perdre, nous ajoutons l'art à la nature, et nous devenons plus ingénieux sans devenir moins adroits. Au lieu de coller un enfant sur des livres, si je l'occupe dans un atelier, ses mains travaillent au profit de son esprit: il devient philosophe et croit n'être qu'un ouvrier" (profit corporel).[11]

Cinquièmement: „J'ai déjà dit que les connaissances purement spéculatives ne convenaient guère aux enfants, même approchant de l'adolescence."[12]

Rousseau énonce comme suit la seconde règle de sa méthode de la physique: „Sans les (les enfants) faire entrer bien avant dans la physique systématique, faites pourtant que toutes leurs expériences se lient l'une à l'autre par quelque sorte de déduction, afin qu'à l'aide de cette chaîne ils puissent les placer par ordre dans leur esprit et se les rappeler au besoin; car il est bien difficile que des faits et même des raisonnements isolés tiennent longtemps dans la mémoire, quand on manque de prise pour les y ramener."[13]

Quant à la troisième règle elle est ainsi conçue: „Dans la recherche des lois de la nature, commencez toujours par les phénomènes les plus communs et les plus sensibles, et accoutumez votre élève à ne pas prendre ces phénomènes pour des raisons, mais pour des faits."[14]

Rousseau démontre aussi clairement, à l'aide d'exemples, comment on peut faire de l'étude de la physique un moyen de développement des facultés intellectuelles supérieures.

De tout son long exposé traitant de ce sujet je ne

---

[11] R. III. p. 191.
[12] R. III. p. 192.
[13] R. III. p. 192.
[14] R. III. p. 192.

citerai que le passage suivant: „Il s'agit moins de lui apprendre une vérité que de lui montrer comment il faut s'y prendre pour découvrir toujours la vérité. Pour mieux l'instruire il ne faut pas le détromper sitôt."[15])

Pour finir, Rousseau conseille d'employer seulement les appareils les plus simples: „Emile ne saura jamais la dioptrique, ou je veux qu'il l'apprenne autour de ce bâton. Il n'aura point disséqué d'insectes; il n'aura point compté les taches du soleil; il ne saura ce que c'est qu'un microscope et un télescope."[16])

Cette idée de Rousseau est de nouveau juste. Restez au simple! — Il est regrettable cependant que le pédagogue français ait exagéré son idée jusqu'au fanatisme.

Dans ses conseils sur l'enseignement de la chimie, Rousseau veut démontrer avant tout l'utilité pratique de cette science: on reconnaît par elle la falsification des vins, etc.

Locke et Rousseau parlent aussi de l'astronomie. Quand l'enfant connaîtra le globe terrestre, dit le premier, il sera temps „de lui montrer le globe céleste, et alors on lui fera repasser tous les cercles, en appelant particulièrement son attention sur l'écliptique ou le zodiaque, afin que son esprit se les représente clairement et distinctement; on lui enseignera la figure et la situation des différentes constellations, en les lui montrant d'abord sur le globe, ensuite dans le ciel."[17])

Rousseau, au contraire, prétend qu'il est préférable de se passer du globe, et qu'il faut d'abord faire observer le ciel: „En général, ne substituez jamais le signe à la chose que quand il vous est impossible de la montrer;

---

[15]) R. III. p. 131.
[16]) R. III. p. 232.
[17]) L. § 180.

car le signe absorbe l'attention de l'enfant et lui fait oublier la chose représentée."[18])

Le principe de Rousseau est sans doute plus juste que celui de Locke. Nous le suivons aujourd'hui en théorie; mais en pratique, nous inclinons souvent encore vers les aspirations du pédagogue anglais.

De toute la méthode de Rousseau sur l'enseignement de l'histoire naturelle, le passage suivant est d'une valeur fondamentale: „Ne montrez jamais rien à l'enfant qu'il ne puisse voir. Tandis que l'humanité lui est presque étrangère, ne pouvant l'élever à l'état d'homme, rabaissez pour lui l'homme à l'état d'enfant."[19])

Chapitre X.

La géographie.

Selon Locke, le but de l'étude de la géographie est de servir de complément à celle de l'histoire: „Sans la chronologie et la géographie, l'histoire ... se fixe mal dans la mémoire et n'est que médiocrement utile."[1])

Selon lui encore, cette étude convient parfaitement aux premières années d'école: „C'est par la géographie qu'il conviendrait, je crois, de commencer: en effet, l'étude de la configuration du globe, la situation et les limites des quatre parties du monde, celles des différents royaumes et des contrées de l'univers, tout cela n'est qu'un exercice de la mémoire et des yeux; et un enfant par conséquent est apte à apprendre avec plaisir et à retenir ces connaissances."[2])

---
[18]) R. III. p. 182.
[19]) R. III. p. 201.
[1]) L. § 182.
[2]) L. § 178.

Une fois les éléments de la géographie étudiés, „on peut commencer à lui apprendre l'arithmétique."³) Cela fait, Locke veut de nouveau retourner à la géographie et donner à l'enfant „quelque idée du monde planétaire."⁴) ... „Il faut donc que l'enfant étudie les sphères et qu'il les étudie avec soin; et je crois qu'il peut le faire de bonne heure, pourvu que le précepteur ait soin de distinguer ce que l'enfant est ou n'est pas capable de comprendre. Sur ce point, voici une règle qui peut suffire à nous guider: les enfants sont capables d'apprendre tout ce qui tombe sous les sens, particulièrement sous le sens de la vue, tant que leur mémoire est seule à être exercée."⁵)

Reste encore à signaler un principe pédagogique général de Locke: „En même temps que l'enfant apprend le français et le latin, il peut aussi, comme je l'ai déjà dit, commencer l'étude de l'arithmétique, de la géographie, de la chronologie, de l'histoire et de la géométrie. Si on lui enseigne en effet ces choses en français ou en latin, dès qu'il a quelque intelligence de l'une ou de l'autre de ces deux langues, il aura le bénéfice d'acquérir la connaissance de ces sciences et par-dessus le marché d'apprendre la langue elle-même."⁶)

Les conceptions de Locke sur l'étude de la géographie sont encore très primitives. Chez lui, il ne s'agit que d'une énumération, sur le globe, de pays, rivières, montagnes, mers, etc., sans désigner les rapports de cause. L'étude de la géographie ainsi comprise n'est qu'un simple exercice des yeux et de la mémoire, et avec cette méthode, on peut commencer déjà tôt. C'est aussi une grande faute que de vouloir apprendre les mathématiques et les sciences exactes en même temps que les langues française et latine.

---

³) L. § 179.
⁴) L. § 180.
⁵) L. § 181.
⁶) L. § 178.

On n'atteindra pas à la fois deux buts si différents. Si l'on apprend les langues, on néglige les sciences exactes, et vice-versa. Les indications de Locke sur l'enseignement de la géographie n'ont aujourd'hui qu'une valeur historique. Il n'en est pas de même de celles de Rousseau sur ce même sujet.

Les idées de Rousseau sont, dans différents passages, diamétralement opposées à celles de Locke. Si celui-ci considère la géographie comme „un exercice de la mémoire et des yeux,"[7] le philosophe français objecte avec raison: „J'entends dire qu'il convient d'occuper les enfants à des études où il ne faille que des yeux: cela pourrait être s'il y avait quelque étude où il ne fallût que des yeux; mais je n'en connais point de telle."[8]

Locke exige aussi que „la chronologie et la géographie doivent marcher de pair, et, pour ainsi dire, la main dans la main: j'entends la partie générale de la chronologie, afin que l'enfant ait dans l'esprit une idée du cours universel des siècles et des principales époques que l'on distingue dans l'histoire."[9] Rousseau n'est pas du tout de son avis: „Des mots, encore des mots et toujours des mots," dit-il.[10] Les pédagogues se gardent bien d'enseigner aux enfants les sciences „qui leur seraient véritablement utiles, parce que ce seraient des sciences de choses ...; mais celles qu'on paraît savoir quand on en sait les termes, le blason, la géographie, la chronologie, les langues, etc. ...; toutes études si loin de l'homme, et surtout de l'enfant, que c'est une merveille si rien de tout cela lui peut être utile une seule fois en sa vie."[11]

Locke raconte avec satisfaction:

---

[7] L. § 178.
[8] R. II. p. 100.
[9] L. § 182.
[10] R. II. p. 98.
[11] R. II. p. 98.

„Je vis avec un enfant à qui sa mère a donné de si bonnes leçons de géographie qu'il connaît les limites des quatre parties du monde, qu'il peut montrer sans hésiter sur le globe ou sur la carte d'Angleterre le pays qu'on lui demande; il sait les noms de toutes les grandes rivières, des promontoires, des détroits, des baies, dans tout l'univers; il peut déterminer la longitude et la latitude de chaque pays, et cependant il n'a pas encore dix ans."[12]

Rousseau, dans le passage qui suit, s'oppose à cet enseignement: „En pensant lui apprendre la description de la terre, on ne lui apprend qu'à connaître des cartes; on lui apprend des noms de villes, de pays, de rivières, qu'il ne conçoit pas exister ailleurs que sur le papier où on les lui montre. Je me souviens d'avoir vu quelque part une géographie qui commençait ainsi: Qu'est-ce que le monde? C'est un globe de carton. Telle est précisément la géographie des enfants. Je pose en fait qu'après deux ans de sphère et de cosmographie, il n'y a pas un seul enfant de dix ans qui, sur les règles qu'on lui a données, sût se conduire de Paris à Saint-Denis. Je pose en fait qu'il n'y en a pas un qui, sur un plan du jardin de son père, fût en état d'en suivre les détours sans s'égarer. Voilà ces docteurs qui savent à point nommé où sont Pékin, Ispahan, le Mexique, et tous les pays de la terre."[13]

Nous avons donc vu que, d'après Locke, la géographie était encore un moyen d'apprendre l'histoire. Chez Rousseau, elle existe pour elle-même; elle a un but absolu, un but à elle-même, car les matières qui la composent sont facilement perçues par les sens: „L'île du genre humain, c'est la terre; l'objet le plus frappant pour nos yeux, c'est le soleil. Sitôt que nous commençons à nous éloigner de nous, nos premières observations doivent tomber sur l'une et sur l'autre. Aussi la philosophie de presque tous les peuples

---
[12] L. § 178.
[13] R. II. p. 100.

sauvages roule-t-elle uniquement sur d'imaginaires divisions de la terre et sur la divinité du soleil." [14])

Les critiques de Rousseau se rapportant aux sphères, globes, cartes, etc., dont Locke veut se servir pour enseigner la géographie, sont toutes très justes. A la place de ces appareils, il conseille de présenter les objets eux-mêmes:

„Vous voulez apprendre la géographie à cet enfant, et vous lui allez chercher des globes, des sphères, des cartes: que de machines! Pourquoi toutes ces représentations? que ne commencez-vous par lui montrer l'objet même, afin qu'il sache au moins de quoi vous lui parlez." [15])

Cela me mènerait trop loin de donner tous les développements positifs de Rousseau en géographie; je dois me contenter de résumer en peu de mots ses maximes pédagogiques:

1. Il ne faut pas étudier la géographie à l'aide de globes, de cartes et de moyens d'enseignement compliqués. Montrons au contraire les objets eux-mêmes, la terre, le soleil, les étoiles, par exemple. „Ne substituez jamais le signe à la chose que quand il vous est impossible de la montrer; car le signe absorbe l'attention de l'enfant et lui fait oublier la chose représentée." [16])

2. On doit combiner dans l'étude de la géographie l'analyse et la synthèse: „On dispute sur le choix de l'analyse ou de la synthèse pour étudier les sciences; il n'est pas toujours besoin de choisir: quelquefois on peut résoudre et composer dans les mêmes recherches, et guider l'enfant par la méthode enseignante lorsqu'il croit ne faire qu'analyser. Alors, en employant en même temps l'une et l'autre, elles se serviraient mutuellement de preuves. Partant à

---

[14]) R. III. p. 178.
[15]) R. III. p. 179.
[16]) R. III. p. 180.

la fois des deux points opposés, sans penser faire la même route, il serait tout surpris de se rencontrer, et cette surprise ne pourrait qu'être fort agréable. Je voudrais, par exemple, prendre la géographie par ces deux termes, et joindre à l'étude des révolutions du globe la mesure de ses parties, à commencer du lieu qu'on habite. Tandis que l'enfant étudie la sphère et se transporte ainsi dans les cieux, ramenez-le à la division de la terre, et montrez-lui d'abord son propre séjour."[17]

3. L'enfant doit faire lui-même une carte d'après nature, „carte très simple et d'abord formée de deux seuls objets, auxquels il ajoute peu à peu les autres, à mesure qu'il sait ou qu'il estime leur distance et leur position. Vous voyez déjà quel avantage nous lui avons procuré d'avance en lui mettant un compas dans les yeux."[18]

C'est de nouveau une tendance vers l'éducation propre à développer les facultés intellectuelles. L'enseignement de la géographie doit exercer l'oeil à voir juste.

4. Pas de discours, mais faites agir les enfants par eux-mêmes et laissez-leur de l'initiative. Il faut guider l'enfant „très peu, sans qu'il y paraisse. S'il se trompe laissez-le faire, ne corrigez point ses erreurs, attendez en silence qu'il soit en état de les voir et de les corriger lui-même; ou tout au plus, dans une occasion favorable, amenez quelque opération qui les lui fasse sentir. S'il ne se trompait jamais, il n'apprendrait pas si bien."[19]

5. Il ne s'agit pas que l'enfant „sache exactement la topographie du pays, mais le moyen de s'en instruire; peu importe qu'il ait des cartes dans la tête pourvu qu'il conçoive bien ce qu'elles représentent, et qu'il ait une idée nette de l'art qui sert à les dresser. Voyez déjà la diffé-

---

[17] R. III. p. 183.
[18] R. III. p. 183.
[19] R. III. p. 183.

rence qu'il y a du savoir de nos élèves à l'ignorance du mien! Ils savent les cartes, et lui les fait."[20]

6. On ne doit pas enseigner beaucoup de choses à l'enfant, mais il est nécessaire qu'il ait des notions justes et claires: „L'esprit de mon institution n'est pas d'enseigner à l'enfant beaucoup de choses, mais de ne laisser jamais entrer dans son cerveau que des idées justes et claires. Quand il ne saurait rien, peu m'importe, pourvu qu'il ne se trompe pas, et je ne mets des vérités dans sa tête que pour le garantir des erreurs qu'il apprendrait à leur place."[21] Il faut avant tout préserver les enfants des préjugés.

7. Il ne s'agit pas d'enseigner des sciences à l'enfant, car, „si vous regardez la science en elle-même, vous entrez dans une mer sans fond, sans rive, toute pleine d'écueils; vous ne vous en tirerez jamais."[22] De plus, „l'âge paisible de l'intelligence est si court, il passe si rapidement, il a tant d'autres usages nécessaires, que c'est une folie de vouloir qu'il suffise à rendre un enfant savant. Il ne s'agit point de lui enseigner les sciences, mais de lui donner du goût pour les aimer et des méthodes pour les apprendre, quand ce goût sera mieux développé."[23]

Ces excellents principes de l'enseignement de la géographie ne sont, même aujourd'hui, pas tous mis en application; mais ils constituent un grand progrès sur l'oeuvre de Locke. Ils sont en effet un point brillant de la didactique de Rousseau.

---

[20] R. III. p. 183.
[21] R. III. p. 184.
[22] R. III. p. 184.
[23] R. III. p. 184.

Chapitre XI.

Enseignement de l'histoire.

A. Son but.

Locke considère l'histoire comme étant „la grande école de la sagesse et de la science sociale" ... „l'étude privilégiée d'un gentleman et d'un homme d'affaires."[1] Selon lui, l'enseignement de l'histoire a pour but de suggérer des „observations qui rendent le lecteur plus habile et meilleur"..[2] „Et s'il n'y a rien qui soit plus instructif, il n'y a rien d'autre part qui soit plus agréable que l'histoire."[3] Elle doit donc exercer une influence morale en rendant „meilleur", favoriser le sens pratique de l'intelligence en rendant „habile", développer les facultés de l'esprit en instruisant. Enfin elle sera une science agréable, c'est-à-dire une science parlant à la fois à l'imagination et au sentiment. Donc, selon Locke, l'enseignement de l'histoire concourt à différents buts: contribuer au progrès moral et intellectuel de l'individu, et agir spirituellement et matériellement. C'était une bonne idée que d'en vouloir faire un agent de développement des facultés de l'esprit et surtout de celles du coeur.

Rousseau, avant tout, enseigne l'histoire afin de faire connaître à son élève les hommes, et on apprend à les connaître en les voyant agir. „Dans le monde on les entend parler: mais dans l'histoire ... on les juge sur les faits. Leurs propos même aident à les apprécier; car, comparant ce qu'ils font à ce qu'ils disent, on voit à la fois ce qu'ils

---

[1] L. § 182.
[2] L. § 182.
[3] L. § 184.

sont et ce qu'ils veulent paraître: plus ils se déguisent, mieux on les connaît."⁴)

Si on voulait montrer à l'élève les hommes dans le monde, donc les lui faire voir de près, on arriverait aussi à les lui apprendre à connaître, mais ce système présenterait les désavantages suivants:

1. „S'il devient observateur de trop bonne heure, si vous l'exercez à épier de trop près les actions d'autrui, vous le rendrez médisant et satirique, décisif et prompt à juger: il se fera un odieux plaisir de chercher à tout de sinistres interprétations, et à ne voir en bien rien même de ce qui est bien."⁵) En un mot, l'élève jugerait les hommes plus maivais qu'ils ne le sont.

2. „Il s'accoutumera du moins au spectacle du vice, et à voir les méchants sans horreur, comme on s'accoutume à voir les malheureux sans pitié. Bientôt la perversité générale lui servira moins de leçon que d'excuse: il se dira que si l'homme est ainsi, il ne doit pas vouloir être autrement."⁶) Donc, à force de le voir, le vice lui servira moins de leçon que d'exemple, et sa moralité en souffrira.

3. Mais, si on veut, afin de préserver l'enfant de conceptions trop pessimistes „lui faire connaître avec la nature du coeur humain l'application des causes externes qui tournent nos penchants en vices," on le transporte tout d'un coup „des objets sensibles aux objets intellectuels" et on emploie „une métaphysique qu'il n'est point en état de comprendre;" on „substitue dans son esprit l'expérience et l'autorité du maître à sa propre expérience et au progrès de sa raison."⁷)

---

⁴) R. IV. p. 272.
⁵) R. IV. p. 271.
⁶) R. IV. p. 271.
⁷) R. IV. p. 271.

Pour remédier à ces désavantages, et pour mettre le coeur humain à sa portée sans risquer de gâter le sien, Rousseau voudrait montrer à son élève „les hommes au loin, les lui montrer dans d'autres temps ou dans d'autres lieux, et de sorte qu'il pût voir la scène sans jamais y pouvoir agir. Voilà le moment de l'histoire; c'est par elle qu'il lira dans les coeurs sans les leçons de la philosophie; c'est par elle qu'il les verra, simple spectateur, sans intérêt et sans passion, comme leur juge, non comme leur complice ni comme leur accusateur."[8])

Rousseau se sert donc de l'histoire pour faire connaître les hommes à son élève. Locke aussi reconnaît qu'une connaissance des hommes et du monde est nécessaire. Seulement, il choisit une autre voie pour parvenir aux mêmes fins. Il met son élève en contact direct avec la société. Le précepteur doit faire connaître et découvrir à son élève le monde, c'est-à-dire „les moeurs, les goûts, les folies, les ruses, les défauts du siècle où la destinée l'a jeté, et surtout du pays où il vit."[9]) Il doit l'y introduire „à mesure qu'il devient capable de le comprendre."[10]) „Le plus tôt sera le mieux."[11]) Il doit l'informer „peu à peu des vices à la mode"[12]) et le prévenir „des procédés et des desseins de ceux qui pourraient prendre à tâche de le corrompre,"[13]) car „le seul moyen de se défendre contre le monde, c'est de le connaître à fond."[14]) Et „il ne sera pas mauvais" que l'élève mette de temps en temps „à l'essai ses forces et son savoirfaire,"[15]) pourvu que cela

---

[8]) R. IV. p. 271.
[9]) L. § 94.
[10]) L. § 94.
[11]) L. § 94.
[12]) L. § 94.
[13]) L. § 94.
[14]) L. § 94.
[15]) L. § 94.

„ne porte pas atteinte à sa vertu, à sa santé et à sa réputation." [16]) Mais déjà Locke voit un désavantage dans cette méthode: „Je sais bien qu'on répète souvent que faire connaître à un jeune homme les vices de son temps, c'est les lui enseigner! Cela est vrai en partie, je l'avoue, et tout dépend de la façon dont on s'y prend." [17]) Locke espère pouvoir éviter cet écueil grâce à un précepteur „discret, habile, qui connaît le monde, mais qui sait en même temps apprécier le caractère, les inclinations et les côtés faibles de son élève." [18])

Nous l'avons vu, Rousseau craint encore d'autres inconvénients qu'on peut éviter en montrant à l'élève les hommes par l'histoire. Il dépasse de beaucoup sur ce point son précurseur anglais, et il impose à l'histoire une nouvelle tâche qui consiste à faire connaître à l'homme ses semblables.

Mais, si entre les mains de Rousseau l'histoire devient un instrument servant à faire connaître la société à son élève, il s'oppose à ceux qui s'efforcent de montrer aux jeunes gens les personnages historiques comme des idéals à imiter. „Je vois, à la manière dont on fait lire l'histoire aux jeunes gens, qu'on les transforme, pour ainsi dire, dans tous les personnages qu'ils voient, qu'on s'efforce de les faire devenir tantôt Cicéron, tantôt Trajan, tantôt Alexandre, de les décourager lorsqu'ils rentrent dans eux-mêmes; de donner à chacun le regret de n'être que soi. Cette méthode a certains avantages dont je ne disconviens pas; mais, quant à mon Emile, s'il arrive une seule fois, dans ces parallèles, qu'il aime mieux être un autre que lui, cet autre, fût-il Socrate, fût-il Caton, tout est manqué:

---

[16]) L. § 94.
[17]) L. § 94.
[18]) L. § 94.

celui qui commence à se rendre étranger à lui-même ne tarde pas à s'oublier tout à fait." [19])

Pour Rousseau, comme pour Locke, l'histoire exerce une influence morale sur l'individu, avec cette différence cependant, que le philosophe anglais considère cela comme la tâche principale de cette science, tandis que l'auteur français n'y attache qu'une importance secondaire. D'après lui, les leçons morales que l'histoire nous donne sont souvent mauvaises. "Mais souvenez-vous que ce ne sont point celles que j'ai voulu tirer de cette étude. En la commençant, je me proposais un autre objet." [20]) Cet objet est, comme nous l'avons vu, de connaître les hommes. "Certainement, avec les dispositions naturelles de l'élève, pour peu que le maître apporte de prudence et de choix dans ses lectures, pour peu qu'il le mette sur la voie des réflexions qu'il doit en tirer, cet exercice sera pour lui un cours de philosophie pratique, meilleur sûrement et mieux entendu que toutes les vaines spéculations dont on brouille l'esprit des jeunes gens dans nos écoles." [21])

Parmi les leçons mauvaises que l'histoire nous donne, Rousseau pense avant tout à l'ambition; "mais le jeu de toutes les passions humaines offre de semblables leçons à qui veut étudier l'histoire pour se connaître et se rendre sage aux dépens des morts..." [22]) "Emil ne se reconnaîtra guère dans les étranges objets qui frapperont ses regards durant ses nouvelles études; mais il saura d'avance écarter l'illusion des passions avant qu'elles naissent; et, voyant que de tous les temps elles ont aveuglé les hommes, il sera prévenu de la manière dont elles pourront l'aveugler, à son tour, si jamais il s'y livre." [23])

---

[19]) R. IV. p. 280.
[20]) R. IV. p. 279.
[21]) R. IV. p. 278.
[22]) R. IV. p. 279.
[23]) R. IV. p. 279.

Rousseau examine de près la valeur de l'histoire, et il dépasse en cela Locke. Le philosophe français attribue à l'histoire les inconvénients suivants:

1. „Il est difficile de se mettre dans un point de vue d'où l'on puisse juger ses semblables avec équité. Un des grands vices de l'histoire est qu'elle peint beaucoup plus les hommes par leurs mauvais côtés que par les bons."[24]

2. „De plus, il s'en faut bien que les faits décrits dans l'histoire ne soient la peinture exactes des mêmes faits tels qu'ils sont arrivés: ils changent de forme dans la tête de l'historien, ils se moulent sur les intérêts, ils prennent la teinte de ses préjugés."[25]

3. „L'histoire en général est défectueuse en ce qu'elle ne tient registre que de faits sensibles et marqués, qu'on peut fixer par des noms, des lieux, des dates; mais les causes lentes et progressives de ces faits, lesquelles ne peuvent s'assigner de même, restent toujours inconnues."[26]

4. „L'histoire montre bien plus les actions que les hommes, parce qu'elle ne saisit ceux-ci que dans certains moments choisis, dans leurs vêtements de parade; elle n'expose que l'homme public qui s'est arrangé pour être vu."[27]

5. „Le génie des hommes assemblés ou des peuples est fort différent du caractère de l'homme en particulier." Il est bon d'examiner le coeur humain „aussi dans la multitude", mais „il faut commencer par étudier l'homme pour juger les hommes."[28]

B. La méthode.

Voici les considérations de Locke sur la manière d'enseigner l'histoire:

---

[24] R. IV. p. 272.
[25] R. IV. p. 272.
[26] R. IV. p. 275.
[27] R. IV. p. 275.
[28] R. IV. p. 275.

1. On doit commencer l'étude de cette branche quand on est jeune, parce que cette étude est agréable, et „convient le mieux à l'esprit des jeunes enfants."[29]

2. L'enseignement de la chronologie et de la géographie est inséparable de celui de l'histoire. „Sans la chronologie et la géographie, l'histoire ... se fixe mal dans la mémoire et n'est que médiocrement utile ... C'est seulement par le secours de ces deux sciences que les actions des hommes se rattachent à leur date dans le temps, à leur place dans le monde."[30] Ce n'est rien d'autre que le principe de la combinaison de la géographie avec l'histoire.

3. On peut enseigner l'histoire par la lecture des classiques latins. „Dès qu'ils (les jeunes enfants) auront appris la chronologie, dès qu'ils auront fait connaissance avec les époques ... mettez-leur dans les mains quelque historien latin ... Après avoir lu les historiens les plus clairs et les plus faciles, il (l'enfant) parviendra à lire les plus difficiles et les plus sublimes des écrivains latins."[31] Locke nous met pourtant en garde contre la lecture des livres „qui dépassent l'intelligence" de l'enfant. Ceux-là sont lus seulement pour apprendre la langue latine. — Locke veut donc faire lire les auteurs latins dans deux buts: premièrement, pour apprendre le latin, et deuxièmement, pour en tirer des connaissances historiques. Aujourd'hui on n'apprend plus guère l'histoire à l'aide des classiques; on étudie cette branche plus facilement et surtout plus exactement dans les livres traitant spécialement cette matière. Cette méthode de Locke n'a de nos jours qu'une valeur historique. Le principe qui consiste à s'élever du facile au difficile est comme on sait très vieux.

Examinons maintenant la méthode que préconise Rousseau.

---

[29] L. § 184.
[30] L. § 182.
[31] L. § 184.

1. En opposition avec Locke, l'auteur français ne veut pas enseigner l'histoire si tôt. Avant l'âge de 15 ans, Emile „ne sait pas même le nom de l'histoire." [32] Les enfants ne comprennent pas l'histoire. „On s'imagine que l'histoire est à leur portée parce qu'elle n'est qu'un recueil de faits. Mais qu'entend-on par ce mot de faits? Croit-on que les rapports qui déterminent les faits historiques soient si faciles à saisir, que les idées s'en forment sans peine dans l'esprit des enfants? Croit-on que la véritable connaissance des évènements soit séparable de celle de leurs causes, de celle de leurs effets, et que l'historique tienne si peu au moral qu'on puisse connaître l'un sans l'autre?" [33] „Or que m'importent les faits en eux-mêmes, quand la raison m'en reste inconnue? et quelles leçons puis-je tirer d'un évènement dont j'ignore la vraie cause?" [34] Mais „si vous voulez apprécier ces actions par leurs rapports moraux, essayez de faire entendre ces rapports à vos élèves, et vous verrez alors si l'histoire est de leur âge." [35]

Les causes qui engagent Rousseau à n'enseigner à l'enfant que ce qui est à la portée de son intelligence, sont les suivantes:

a) C'est peine perdue. „Que sert d'inscrire dans leur tête un catalogue de signes qui ne représentent rien pour eux? En apprenant les choses n'apprendront-ils pas les signes? Pourquoi leur donner la peine inutile de les apprendre deux fois?" [36]

b) C'est leur inspirer des préjugés dangereux „en leur faisant prendre pour de la science des mots qui n'ont aucun sens pour eux! C'est du premier mot dont l'enfant se paye, c'est de la première chose, qu'il apprend sur la parole

---

[32] R. III. p. 234.
[33] R. II. p. 100.
[34] R. IV. p. 273.
[35] R. II. p. 100.
[36] R. II. p. 103.

d'autrui, sans en voir l'utilité lui-même, que son jugement est perdu."[37])

c) C'est gâter leur enfance et les détourner du principal. „Non, si la nature donne au cerveau d'un enfant cette souplesse qui le rend propre à recevoir toutes sortes d'impressions, ce n'est pas pour qu'on y grave des noms de rois, des dates, des termes de blason, de sphère, de géographie, et tous ces mots sans aucun sens pour son âge et sans aucune utilité pour quelque âge que ce soit, dont on accable sa triste et stérile enfance, mais c'est pour que toutes les idées qu'il peut concevoir et qui lui sont utiles, toutes celles qui se rapportent à son bonheur et doivent l'éclairer un jour sur ses devoirs, s'y tracent, de bonne heure en caractères ineffaçables, et lui servent à se conduire pendant sa vie d'une manière convenable à son être et à ses facultés."[38])

Toutes ces objections que Rousseau fait à l'enseignement prématuré de l'histoire ne sont que l'amplification du principe de Locke de ne pas lire des livres „qui dépassent l'intelligence" de l'enfant.

2. Comme Locke, Rousseau fait étudier l'histoire à l'aide des classiques latins, et il suit aussi le principe qui consiste à s'élever du facile au difficile. L'oeuvre de l'auteur français offre une grande analogie avec celle de l'anglais dans ces mots: „Je laisse à part l'histoire moderne, non seulement parce qu'elle n'a plus de physionomie et que nos hommes se ressemblent tous, mais parce que nos historiens, uniquement attentifs à briller, ne songent qu'à faire des portraits fortement coloriés, et qui souvent ne représentent rien. Généralement les anciens font moins de portraits, mettent moins d'esprit et plus de sens dans leurs jugements: encore y a-t-il entre eux un grand choix

---

[37]) R. II. p. 103.
[38]) R. II. p. 103.

à faire, et il ne faut pas d'abord prendre les plus judicieux mais les plus simples. Je ne voudrais mettre dans la main d'un jeune homme ni Polybe ni Salluste; Tacite est le livre des vieillards, les jeunes gens ne sont pas faits pour l'entendre."[39]) Il faut aussi recourir aux anciens „parce que tous les détails familiers et bas, mais vrais et caractéristiques, étant bannis du style moderne, les hommes sont aussi parés par nos auteurs dans leurs vies privées que sur la scène du monde. La décence, non moins sévère dans les écrits que dans les actions, ne permet plus de dire en public que ce qu'elle permet d'y faire, et, comme on ne peut montrer les hommes que représentant toujours, on ne les connaît pas plus dans nos livres que sur nos théâtres."[10]) Rousseau donne ensuite des exemples de l'art des historiens latins qui savent caractériser leurs héros par de petits détails.

On le voit donc, Locke déjà recommande l'étude de l'histoire ancienne, mais à l'aide des ouvrages classiques, de telle sorte que l'on apprendra en même temps la langue latine, tandis que Rousseau, par contre, exige l'étude de l'histoire, mais pour elle seule, et il se sert des classiques seulement comme sources. Dans ce point, Rousseau se montre de nouveau supérieur à Locke. C'est certainement un progrès que d'enseigner l'histoire seule plutôt que de le faire en même temps que l'étude du latin.

Aujourd'hui nous sommes encore plus avancés. Nous allons directement à l'histoire, non par le latin, mais par les sources de chaque époque et de chaque question. Nous contrôlons et poursuivons l'exactitude avant tout. C'est un souci que Locke et Rousseau n'ont pas eu comme nous. Mais ils ont voulu former l'homme par la connaissance de l'histoire. Ils ont eu un point de vue moral. Aujourd'hui nous avons moins ce souci. Nous cherchons davantage le côté national, politique, social et surtout l'intérêt; et voilà

---

[39]) R IV. p. 274.
[40]) R. IV. p. 276.

pourquoi les prescriptions de Locke et de Rousseau sur l'enseignement de l'histoire ne peuvent plus nous suffire.

Chapitre XII.
La connaissance des lois.

Les opinions de Locke et de Rousseau diffèrent beaucoup quant à l'étude des lois. Ce contraste se comprend ainsi: C'est dans des ouvrages qui traitent de la loi civile que l'élève de Locke „apprendra les droits naturels de l'homme, l'origine et la fondation des sociétés et les devoirs qui en résultent. Ces questions générales de droit civil et d'histoire sont des études qu'un gentleman ne doit pas se contenter d'effleurer: il faut qu'il s'en occupe sans cesse, il faut qu'il n'ait jamais fini de les étudier."[1]) Ce sont surtout les lois de son pays qu'un gentleman anglais ne doit pas ignorer. Elles sont „une connaissance si nécessaire que, depuis le juge de paix jusqu'au ministre d'Etat, je ne vois pas quel homme pourrait s'en passer, s'il veut tenir dignement son rang."[2])

Rousseau, au contraire, veut écarter de l'esprit de l'enfant „toutes les notions des relations sociales, qui ne sont pas à sa portée."[3]) Le philosophe français veut tout d'abord élever non pas un citoyen, mais un homme, et dans ce but, il a besoin de la plus grande partie de la jeunesse de son élève. L'éducation du citoyen ne vient qu'après, c'est-à-dire quand le jeune homme devient citoyen en réalité, quand il est considéré comme membre actif de la société humaine. Locke ne connaît pas encore cette distinc-

---
[1]) L. § 186.
[2]) L. § 187.
[3]) R. III. p. 204.

tion. Il parle des lois à son élève quand celui-ci n'est encore que dans la première période de l'adolescence. C'est ainsi que s'explique ce contraste.

Donc, jusqu'à l'âge de quinze ans, l'élève de Rousseau n'entend pas parler des hommes, car „ses relations avec son espèce ne lui sont pas encore assez sensibles pour qu'il puisse juger des autres par lui. Il ne connaît d'être humain que lui seul . . . . . Au lieu des lois sociales qu'il ne peut connaître, nous l'avons lié des chaînes de la nécessité. Il n'est presque encore qu'un être physique, continuons de le traiter comme tel."[4])

Ce passage nous montre un des caractères principaux de la pédagogie de Rousseau, savoir: L'éducation ne doit pas prendre les devants sur le développement naturel de l'homme. Si beau et si exact que soit en théorie ce principe, il n'est pas pratiquement applicable, car, en général, le précepteur ne peut pas accompagner l'élève jusqu'à l'âge où il est sur le point de devenir adulte, comme Rousseau l'a fait avec Emile. Il ne lui sera, au contraire, possible de le guider que pour une courte étape, et, tout en l'accompagnant, de l'habituer lentement à marcher seul; il lui inculquera les connaissances dont il aura besoin pour marcher au but sous sa propre direction, lorsque son guide l'aura quitté. Les connaissances et les ressources en vue du combat de la vie sont donc à acquérir avant que le jeune homme en voie l'utilité, avant qu'il voie les appliquer, avant qu'il les comprenne à fond. A ce point de vue, l'opposition que Rousseau fait à Locke est injuste.

Si nous poursuivons l'analyse de l'oeuvre du philosophe français, nous touchons à une restriction de ses exigences. „Quand l'enchaînement des connaissances nous force à lui montrer la mutuelle dépendance des hommes, au lieu de la lui montrer par le côté moral, tournez d'abord toute son attention vers l'industrie et les arts mécaniques, qui les

[4]) R. III. p. 200.

rendent utiles les uns aux autres." C'est donc dans les ateliers que l'élève connaîtra la dépendance corporelle des hommes entre eux. Ainsi, il parviendra aussi à comprendre les relations sociales.[5])

En ce qui concerne les connaissances politiques, Rousseau est aussi opposé à Locke, car il n'en exige qu'une minime quantité. Son élève „ne doit connaître du gouvernement en généréal que ce qui se rapporte au droit de propriété."[6])

Ici comme ailleurs, Rousseau exagère un bon principe et le mène „ad absurdum".

Chapitre XIII.

Rhétorique, logique, éthique et style.

Locke n'estime pas beaucoup la logique et la rhétorique. Il dit: „La rhétorique et la logique étant des arts que l'ancienne méthode plaçait immédiatement après la grammaire, on s'étonnera peut-être que j'en aie si peu parlé! La raison en est que les jeunes gens n'en tirent qu'un mince profit; car j'ai rarement vu ou plutôt je n'ai jamais vu quelqu'un qui eût appris à bien raisonner, ou à parler avec élégance, en etudiant les règles qui prétendent l'enseigner. Aussi je désirerais que le jeune gentleman prît seulement une teinture de ces arts, dans les traités les plus courts qu'on puisse trouver, sans s'arrêter trop longtemps à considérer et à étudier ce vain formalisme. Si vous voulez qu'il parle bien, familiarisez-le avec la lecture de Cicéron, pour qu'il se fasse une idée vraie de l'élo-

---

[5]) R. III. p. 204.
[6]) R. III. p. 209.

quence, et donnez-lui à lire des ouvrages anglais bien écrits, pour qu'il y perfectionne son style et la pureté de son langage maternel."[1])

„Puisque le profit et le but d'un raisonnement droit, c'est d'avoir des idées droites, de porter un jugement droit sur les choses, de distinguer la vérité de l'erreur, le bien du mal, et d'agir en conséquence, ne nourrissez pas notre fils du vain et artificiel formalisme de la dialectique."[2])

Rousseau parle aussi dans le même sens: „Quel extravagant projet de les exercer à parler, sans sujet de rien dire; de croire leur faire sentir, sur les bancs d'un collège, l'énergie du langage des passions et toute la force de l'art de persuader, sans intérêt de rien persuader à personne! Tous les préceptes de la rhétorique ne semblent qu'un pur verbiage à quiconque n'en sent pas l'usage pour son profit. Qu'importe à un écolier de savoir comment s'y prit Annibal pour déterminer ses soldats à passer les Alpes? Si, au lieu de ses magnifiques harangues, vous lui disiez comment il doit s'y prendre pour porter son préfet à lui donner congé, soyez sûr qu'il serait plus attentif à nos règles."[3])

Emile, en général, „doit avoir un langage simple et peu figuré. Il parle ordinairement au propre et seulement pour être entendu. Il est peu sentencieux, parce qu'il n'a pas appris à généraliser ses idées: il a peu d'images parce qu'il est rarement passionné."[4])

Mais, la „généreuse franchise a je ne sais quoi de plus enchanteur que l'artificieuse éloquence des autres; ou plutôt lui seul est véritablement éloquent, puisqu'il n'a

---

[1] L. § 188.
[2] „ § 189.
[3] R. IV. p. 290.
[4] R. IV. p. 291.

qu'a montrer ce qu'il sent pour le communiquer à ceux qui l'écoutent."⁵)

Donc, ici aussi, nous retrouvons le même progrès des idées: Ce que Locke met en doute, Rousseau le nie énergiquement.

En éthique, les deux pédagogues ont les mêmes opinions. Ils nient la nécessité d'enseigner cette branche. Locke dit: „Comme, dès le début de ses études et dans tous les cas où la chose est possible, on apprend à l'enfant à connaître la vertu, et cela par la pratique plutôt que par des règles; comme on lui enseigne chaque jour à mettre l'amour de la réputation au-dessus de la satisfaction de ses désirs, je ne sais s'il sera utile qu'on lui fasse lire sur la morale autre chose que ce qu'il trouve dans la bible."⁶)

Rousseau est de nouveau beaucoup plus stricte en disant qu'Emile, à l'âge de quinze ans, ne sait pas même „ce que c'est que métaphysique et morale. Il connaît les rapports essentiels de l'homme aux choses, mais nul des rapports moraux de l'homme à l'homme."⁷)

Donc Rousseau, comme Locke, ne veut pas enseigner la morale par des leçons et des préceptes, car dès l'âge de quinze ans chacun sera capable de se former une morale. C'est à nous de donner de bons exemples, et l'élève apprendra la morale par la pratique, ce qui est la meilleure méthode.

Locke et Rousseau s'occupent aussi du style dans leurs livres sur l'éducation. Le premier dit: „Lorsque les enfants en sont venus à ne plus faire de faute contre la grammaire, et qu'ils savent combiner dans un discours suivi et continu les différentes parties d'une histoire, sans user de ces transitions lourdes et maladroites qu'ils ont coutume

---

⁵) R. IV. p. 291.
⁶) L. § 185.
⁷) R. III. p. 234.

de multiplier, vous pouvez, si vous désirez les perfectionner plus complètement dans ce talent qui est le premier degré de l'art de parler et qui n'exige pas d'inventions, vous pouvez, dis-je, avoir recours à Cicéron, et en leur faisant mettre en pratique les règles que le maître de l'éloquence donne dans son premier ouvrage, leur montrer en quoi consiste l'art et la grâce d'une narration élégante, selon les sujets et selon le but qu'on veut atteindre."[8])

„Lorsque les enfants savent écrire en anglais avec suite, avec propriété, avec ordre, et qu'ils disposent d'un style narratif passable, vous pouvez les exercer à écrire des lettres; mais ne leur faites pas rechercher les traits d'esprit, ni les compliments affectés; apprenez-leur à exprimer simplement leurs pensées, sans incohérence, sans désordre et avec politesse."[9])

Rousseau demande avant tout un style simple. Il estime que les anciens méritent d'être imités quant à la simplicité dans l'art d'écrire: „Il y a d'ailleurs une certaine simplicité de goût qui va au coeur, et qui ne se trouve que dans les écrits des anciens."[10]) Donc, ces derniers lui serviront d'exemples, comme aussi d'ailleurs à Locke. Rousseau ne donne pas d'autres indications sur le style.

Il est à observer que la simplicité est bien la première qualité du bon style, mais elle n'est pas la seule. Le parfait styliste qu'était Rousseau le savait bien; mais il exagère ici comme il exagère mille fois ailleurs dans son livre d'éducation. Son ouvrage n'en est pour cela pas moins précieux.

---

[8]) L. § 189.
[9]) L. § 189.
[10]) R. IV. p. 413.

Chapitre XIV.

Les mathématiques.

Il s'agit par ce titre de l'arithmétique et de la géométrie. Voyons ce que dit Locke de la première de ces deux branches:

„Lorsque l'enfant a fixé dans son souvenir les divisions naturelles du globe, on peut commencer à lui apprendre l'arithmétique"....[1]) De toutes les sciences de raisonnement abstrait l'arithmétique est la plus facile: elle doit donc être étudiée la prémière. L'esprit en général supporte aisément cette étude, on n'a pas de peine à s'y habituer. L'arithmétique est d'ailleurs d'une utilité si générale dans toutes les affaires de la vie, qu'il n'est pour ainsi dire rien qu'on puisse faire sans elle. Aussi est-il certain qu'un homme ne saurait trop l'étudier ni la savoir trop bien. Il faut donc exercer l'enfant à compter, aussitôt et autant qu'il en est capable, et l'y appliquer un peu chaque jour jusqu'à ce qu'il soit passé maître dans l'art des nombres. Lorsque l'enfant sait additionner et soustraire, il peut alors avancer plus loin dans l'étude de la géographie." [2])

Locke recommande donc l'enseignement de l'arithmétique pour deux raisons: 1°. „De toutes les sciences de raisonnement abstrait l'arithmétique est la plus facile."[3]) 2°. Elle est „d'une utilité si générale dans toutes les affaires de la vie, qu'il n'est pour ainsi dire rien qu'on puisse faire sans elle."[4]) La facilité et l'utilité de cette science nous recommandent donc de l'étudier. „Il faut com-

---

[1]) L. § 179.
[2]) L. § 180.
[3]) L. § 180.
[4]) L. § 180.

mencer à exercer l'enfant à compter, aussitôt et autant qu'il en est capable."⁵)

A côté de l'arithmétique, Locke veut aussi enseigner la géométrie. Parmi les connaissances qu'un jeune homme peut acquérir grâce à la méthode simplifiée pour l'étude rapide du latin ou doit „compter aussi la géométrie"⁶) ... „Une fois que l'enfant s'est familiarisé avec l'étude des sphères, il est en état d'apprendre quelque peu de géométrie; et ici je crois qu'il suffira de lui enseigner les six premiers livres d'Euclide. Je ne sais en effet si ce n'est pas là tout ce qui est nécessaire ou utile pour un homme d'affaires. D'ailleurs, dans le cas où un enfant aurait le génie et le goût de cette science, après être allé jusque-là sous la conduite de son précepteur, il lui sera loisible d'aller plus loin de lui-même sans le secours, d'aucun maître."⁷)

On reconnaîtra que les opinions de Locke quant à cette branche sont encore très primitives. Les six premiers livres d'Euclide ne conviennent guère à celui qui étudie la géométrie, car ils n'éveillent en lui que de l'aversion pour cette science. Aussi les preuves de la nécessité de l'enseignement de la géométrie fournies par ce pédagogue sont extrêmement peu concluantes.

Comparons les opinions de Locke à celles de Rousseau. Ce dernier ne parle qu'une fois de l'arithmétique dans son livre sur l'éducation; c'est quand il mentionne l'algèbre. Mais il n'en dit rien de précis. Cependant, Rousseau traite avec assez de détails de la géométrie. Quand il prétend que les enfants „n'ont point de véritable mémoire,"⁸) il le prouve par la manière dont ils apprennent les éléments de la géométrie: „Je dis donc que les enfants, n'étant pas

---

⁵) L. § 180.
⁶) L. § 166.
⁷) L. § 181.
⁸) R. II. p. 97.

capables de jugement, n'ont point de véritable mémoire. Ils retiennent des sons, des figures, des sensations, rarement des idées, plus rarement leurs liaisons. En m'objectant qu'ils apprennent quelques éléments de géométrie, on croit bien prouver contre moi; et tout au contraire, c'est pour moi qu'on prouve: on montre que, loin de savoir raisonner d'eux-mêmes, ils ne savent pas même retenir les raisonnements d'autrui; car suivez ces petits géomètres dans leur méthode, vous voyez aussitôt qu'ils n'ont retenu que l'exacte impression de la figure et les termes de la démonstration. A la moindre objection nouvelle, ils n'y sont plus; renversez la figure, ils n'y sont plus. Tout leur savoir est dans la sensation, rien n'a passé jusqu'à l'entendement. Leur mémoire elle-même n'est guère plus parfaite que les autres facultés, puisqu'il faut presque toujours qu'ils rapprennent, étant grands, les choses dont ils ont appris les mots dans l'enfance."[9]

En lisant ce passage, la première impression qu'il produit sur nous pourrait nous porter à croire que Rousseau nie l'existence de la mémoire chez les enfants; ce serait naturellement faux, car le sens qu'il renferme, la fin surtout, le prouve clairement. Rousseau n'entend pas la mémoire proprement dite, le talent de retenir, mais tout simplement l'intelligence (entendement). Ce passage finit par ces mots: „Tout leur savoir est dans la sensation, rien n'a passé jusqu'à l'entendement".[10] Ainsi, l'enfant apprendra les mots, l'adulte les choses.

Sur ce point, Rousseau avait raison, du moins pour ce qui concerne la moyenne, peut-être même la majorité des enfants qui devaient étudier la géométrie d'après la méthode de ce temps-là. C'est cette méthode que Rousseau attaque surtout; laissons-lui la parole:

---

[9] R. II. p. 97.
[10] R. II. p. 97.

„J'ai dit que la géométrie n'était pas à la portée des enfants; mais c'est notre faute. Nous ne sentons pas que leur méthode n'est point la nôtre, et que ce qui devient pour nous l'art de raisonner ne doit être pour eux que l'art de voir. Au lieu de leur donner notre méthode, nous ferions mieux de prendre la leur; car notre manière d'apprendre la géométrie est bien autant une affaire d'imagination que de raisonnement. Quand la proposition est énoncée, il faut en imaginer la démonstration, c'est-à-dire trouver de quelle proposition déjà sue celle-là doit être une conséquence, et, de toutes les conséquences qu'on peut tirer de cette même proposition, choisir précisément celle dont il s'agit." [11])

„De cette manière, le raisonneur le plus exact, s'il n'est pas inventif, doit rester court. Aussi qu'arrive-t-il de là? Qu'au lieu de nous faire trouver les démonstrations, on nous les dicte; qu'au lieu de nous apprendre à raisonner, le maître raisonne pour nous et n'exerce que notre mémoire." [12])

Voilà le point essentiel pour lequel Rousseau condamne la méthode traditionelle: on ne laisse pas assez d'initiative personnelle à l'enfant; on ne lui fait jouer qu'un rôle passif en lui dictant tout. Donc, on fait seulement appel à sa mémoire au lieu de permettre à ses facultés de travailler. — Ce reproche est justifié, et l'idée de Rousseau marque un grand progrès sur Locke, qui fait d'abord étudier à son élève les six premiers livres d'Euclide. L'infériorité de l'éducateur anglais, sur ce point, est incontestable et montre qu'il est bien peu orienté dans l'enseignement des mathématiques, tandis que le postulat de Rousseau a une valeur durable.

Cela mènerait trop loin de citer tous les développements positifs de Rousseau sur la géométrie. J'essayerai

---

[11]) R. II. p. 149.
[12]) R. II. p. 149.

de donner personnellement une forme brève à ses idées: L'enseignement de la géométrie consiste à faire d'abord dessiner par l'élève les figures mathématiques à l'aide d'instruments, afin qu'il puisse découvrir les qualités par la construction elle-même, ou en mesurant et comparant. — Ce n'est pas Rousseau qui enseigne la géométrie à Emile, au contraire, l'élève l'enseigne au maître. Celui-ci cherchera les relations, mais l'élève les trouvera, car le maître présentera les problèmes à résoudre en faisant en sorte que l'enfant soit à même d'en trouver lui-même la démonstration. Cette marche à suivre est extrêmement importante et est encore aujourd'hui employée dans l'enseignement des éléments de la géometrie. — Dans les mathématiques supérieures il faut bien les preuves, car la méthode intuitive est certes la base de toute intelligence mathématique; seulement ce n'est pas la dernière voie pour pénétrer dans l'étude de la géométrie. Peu à peu on aura besoin de l'aide de l'intuition intellectuelle et de pures représentations pour introduire l'élève pas à pas dans l'abstrait; car la géométrie est avant tout une science abstraite et elle s'adresse avant tout à l'entendement et à la raison. Elle est un des principaux moyens d'apprendre à penser. — Rousseau ne voit pas encore si loin. Pourtant, il a surpassé de beaucoup son devancier Locke, et nous a légué un excellent principe pédagogique.

Reste encore à signaler que l'influence de Locke se fait aussi sentir quant aux moyens auxiliaires. Rousseau dit: „Je n'oublierai jamais d'avoir vu à Turin un jeune homme à qui, dans son enfance, on avait appris les rapports des contours et des surfaces en lui donnant chaque jour à choisir dans toutes les figures géométriques des gaufres isopérimètres. Le petit gourmand avait épuisé l'art d'Archimède pour trouver dans laquelle il y avait le plus à manger."[13]

---
[13] R. II. p. 151.

Nous savons que Locke péche en accordant une trop grande valeur aux moyens auxiliaires; or, on voit que Rousseau n'a pas su s'en rendre tout-à-fait indépendant.

Conclusions.

Par cette analyse je crois avoir suffisamment démontré que l'Anglais Locke a exercé une très grande influence sur le philosophe et pédagogue français J.-J. Rousseau dans le domaine de l'éducation intellectuelle. Rousseau s'approprie la plupart des idées de Locke, mais, loin de les copier en esclave, il les examine, les corrige et les rend conformes aux exigences de son temps. Presque partout j'ai pu constater un progrès de Rousseau sur Locke. Où ce dernier recommande, Jean-Jacques exige; où Locke ne donne que des indications vagues, Rousseau précise et motive. Il fonde ses principes sur les „Pensées" de son devancier; mais il fait en même temps un pas en avant. L'esprit calme et lucide de Locke a créé les idées, l'imagination vive et inquiète de Rousseau s'en est servie pour les développer, les amplifier et les améliorer. Les „Pensées sur l'éducation" et l'„Emile" sont un bel exemple du fait que, dans la vie intellectuelle, chaque progrès repose sur ce qui était déjà créé, et que nulle oeuvre importante et nul homme éminent ne naissent indépendamment de ce qui les entoure. La vie intellectuelle se développe plutôt par échelons, et chacun se base sur son devancier.

www.ingramcontent.com/pod-product-compliance
Lightning Source LLC
LaVergne TN
LVHW020159100426
835512LV00035BA/1002